W0344832

Vis ta meilleure vie avec le DESIGN HUMAIN

Création et mise en pages : Jennifer Simboiselle.
Illustrations pages 53, 64, 76, 97, 101 et 229 : Freepik.

ISBN : 978-2-492-84747-9

www.editions-tredaniel.com
info@guytredaniel.fr
www.facebook.com/editions.tredaniel
@tredaniel_bienvivre

FANNY BERREBI

Illustrations de Jennifer Piers

Vis ta meilleure vie avec le DESIGN HUMAIN

GOOD MOOD DEALER
By EXERGUE
27, rue des Grands-Augustins
75006 Paris

Sommaire

Avant-propos

Le Design Humain est souvent perçu comme « un outil de connaissance de soi ».

Encore un.

De mon point de vue, il n'en est rien. Et ce que je vais te dire va permettre de traiter également le sujet de sa crédibilité.

Le Design Humain n'est pas un outil, c'est une science.

La science de la différenciation

Une science est un ensemble de connaissances. Souvent, on étudie un domaine d'une science en créant des postulats qu'on vérifie par l'expérimentation.

Et ça tombe bien parce que tout l'intérêt de découvrir cette science est dans l'expérimentation. Une expérimentation qui comprend la connaissance de soi.

De cette science, on peut tirer des outils. C'est pour cela que tu vas pouvoir trouver autant d'applications du Design Humain qu'il existe de professionnels qui l'utilisent.

D'un côté, tu trouveras les analystes officiels. Il n'existe qu'une seule filière, celle de l'École internationale du Design Humain. Toutes les autres formations, même les plus reconnues, n'en font pas partie.

À côté de ça, tu as tout un tas de personnes qui se sont formées seules, qui ont fait des recherches et qui ont regardé des vidéos sur YouTube.

Là-dedans, tu vas trouver à boire et à manger.

Moi, par exemple, j'ai démarré seule, j'ai lu tous les livres et étudié des centaines de schémas avant de me former auprès d'une guide certifiée. Je ne suis cependant pas reconnue comme analyste officielle, car je ne suis pas allée au bout d'un cursus qui résonne encore trop peu avec mes attentes.

Tu peux donc me considérer plutôt comme une passionnée que comme une experte ; moi je me considère plutôt comme une chercheuse.

J'ai conçu une approche pragmatique, ancrée dans la matière et dans l'action, avec juste ce qu'il faut de théorie pour comprendre de quoi on parle.

Parce que ça ne servirait à rien de te sortir un mode d'emploi de toi-même sans t'expliquer un peu pourquoi tu es censé·e fonctionner de cette manière et ce que ça implique sur le plan pragmatique.

Introduction

> *Tout le monde naît anormal. C'est ce que j'aime. Parce que tout le monde est unique et différent des autres. Et, bien sûr, si vous êtes un phénomène comme moi, l'anormalité est très mignonne. Je ne veux rien avoir à faire avec le monde normal. Tel qu'on l'appelle. Je suis juste de passage. Je suis au salon du meuble !*
>
> Citation attribuée à Ra Uru Hu,
> fondateur du Design Humain

J'avoue, cette citation, je l'ai trouvée au cours de mes recherches, je la mets ici sans être sûre qu'elle lui appartienne vraiment, mais je la trouve beaucoup trop puissante pour la laisser de côté.

« *Il n'y a pas de preuves et c'est ce qui est intéressant dans les histoires, ce ne sont que des histoires.* »

Cette citation-là est réellement de lui, je l'ai entendue dans une vidéo que vous pouvez trouver sur YouTube en cherchant « *Human Design Encounter with the Voice* ».

Les grandes vérités ne sont pas livrées avec le mode d'emploi

*« Soyez vous-même :
tous les autres sont déjà pris. »*

- Oscar Wilde

*« Connais-toi toi-même et tu
connaîtras l'univers et les dieux. »*

- La maxime du temple de Delphes

*« Demandez-vous ce que
ferait la meilleure version de
vous-même et faites-le. »*

- Dan Lok

*« Ce n'est pas parce que c'est difficile
que nous n'osons pas, c'est parce que nous
n'osons pas que c'est difficile. »*

- Sénèque

Ces phrases, je les adore, je les abhorre, elles me causent autant de peine que d'espoir et toutes ces choses qui ne sont que les deux faces de la même médaille.

Tu es déjà la meilleure version de toi-même.

Je vais te parler de la face cachée du dev' perso.

On en parle beaucoup en ce moment. Les voix s'élèvent plus vite que les consciences pour dire que c'est bien joli ces histoires de souveraineté et de responsabilité et de pensée positive, sauf qu'à force de se répéter que nous sommes créateur·rice·s de notre univers, on ne se sent plus autorisé·e·s à échouer, tout simplement. On n'ose plus baisser les bras et s'énerver contre le grand-univers-tout-puissant-qui-n'est-rien-d'autre-que-nous-mêmes.

J'ai passé trente ans à essayer de décrypter qui j'étais. À chercher quel était mon vrai potentiel. Pourquoi j'avais une part de moi qui répétait que j'étais vouée à faire de grandes choses et une autre part qui résistait. Cette part qui n'arrivait plus à agir s'agitait dans tous les sens, changeait de carrière comme de couleur de cheveux, celle qui s'enflammait pour une idée au point de tout construire dans sa tête avant de se rendre compte (toujours dans sa tête) de tout ce qui lui manque pour y arriver et de vivre un échec cinglant, douloureux, dans la matière.

Dans le grand Larousse du chemin vers soi, j'ai essayé toutes les lettres de l'alphabet : MBTI, EFT, EMDR, PTDR, OKLM...

J'ai brûlé des trucs, j'ai dansé nue, j'ai pris des douches énergétiques et fait des nettoyages du côlon.

J'ai accepté, accueilli, observé, assumé, puis rejeté, crié, pleuré, fait du chantage à l'univers.

De son côté, et avec l'ironie qu'on lui connaît, l'univers n'avait de cesse de me répondre en m'envoyant encore et toujours les raisons de mes problèmes à la figure, en créant encore plus de problèmes.

J'avais compris depuis un moment la loi de l'attraction et tous ces trucs, mais il me manquait quelque chose.

Quelque chose qui venait de moi. Je ne savais pas qui j'étais vraiment et quel était mon vrai potentiel.

Je ne savais pas quelle pensée était vraie et laquelle était née de mon mental.

« Connais-toi toi-même et tu connaîtras l'univers et les dieux. »

Gnothi Seauton.

Qu'est-ce que cette maxime, écrite à l'entrée du temple de Delphes, a bien voulu dire par là ?

Comment la connaissance de soi peut-elle relier à la connaissance de l'univers ? Et qu'est-ce que Dieu a à voir là-dedans ?

Pour moi, cela veut dire que se connaître, se connaître en profondeur, c'est déjà se comprendre et donc s'aimer. Même un peu. Et c'est la base de la foi.

Quand on se connaît bien, il se passe quelque chose de particulier. On se sent en sécurité. Partout, tout le temps.

Quand on se connaît, on ne peut plus être pris en défaut, parce qu'on s'assume.

Quand on se connaît, on peut être en paix, pas seulement avec soi-même.

Ce qui évidemment ne veut pas dire que tu ne fais plus jamais de bêtise, que tu dis toujours ce qui est juste pour toi, et que tes réactions sont toujours à 100 % alignées avec toi-même. Mais si on peut réduire l'écart au maximum, on crée un sentiment de sécurité intérieure qui change la vie, littéralement.

Je l'appelle le guerrier intérieur.

Dans la tradition du yoga, on dit que le guerrier a été placé dans le village pour éviter de se battre, pour que sa seule présence suffise à éloigner les menaces. Le guerrier a pour fonction d'être prêt au combat, surentraîné, super fort, et tout ça pour… ne jamais avoir à se battre.

Le fameux « Si tu veux la paix, prépare la guerre » (*Si vis pacem para bellum*).

Pour ma part, j'aurais tendance à résumer tout ça en une phrase :

SI TU VEUX LA PAIX, CONNAIS-TOI TOI-MÊME.

« SI VIS PACEM, PARA BALEK. »

C'est de moi, et ça veut dire que si tu te connais vraiment, tu fais la paix avec toutes les parts de toi. Même (surtout) les pires.

Et c'est en résumé le premier effet que j'ai ressenti en découvrant le Design Humain.

Et encore, parfois, je n'ai pas ce que je veux.

Et tu peux me répéter en long en large et en travers qu'au fond, c'est probablement ce que je veux, ça ne changera pas ma colère et ma frustration.

Et puis j'ai découvert d'où venaient cette colère et cette frustration.

C'est Robert qui m'a tout expliqué.

Robert, c'est l'auteur de la petite phrase signée Ra Uru Hu que j'ai mise au tout début de cette introduction.

Robert a fondé, que dis-je canalisé, une science tellement incroyable, puissante, complexe et complète que ça m'a pris un peu de temps avant de comprendre comment elle allait changer ma vie.

Introduction au Design Humain

Autrement nommé *Human Design* en VO ou *HD* pour les connaisseur·euse·s, le Design Humain est un système.

- Un système de connaissance de soi d'une puissance phénoménale.
- Une science qui propose une synthèse de plusieurs disciplines traditionnelles et modernes.
- La source d'une prise de conscience intime, profonde, éclairante.
- La connaissance qu'il te faut pour aligner ton passé avec ton présent et écrire le meilleur futur possible.

On l'appelle la science de la différenciation.

On te dit que découvrir ton Design, c'est comme lever un voile sur ton vrai toi.

On te dit que tu te réconcilies avec ta personnalité pour enfin aller chercher le potentiel réel, le superpouvoir, ta puissance.

Tu disposes même d'un plan d'action de ta vie, de tes relations et de ta communication… si c'est pas merveilleux.

On ne tarit pas d'éloges sur le Design Humain : précision, clarté, compréhension, impact…

ON a tort.

ON est en dessous de la vérité.

Qu'est-ce que le Design Humain ?

Et puis j'ai vu les mots quête, émotion, non-soi, stratégie comportementale et processus de décision, et ça m'a intéressée.
MMMmm
Alors j'ai voulu essayer, et là j'ai dû entrer les informations suivantes : heure, date et lieu de naissance.
Quoi ?!!

On est sérieusement en train de parler d'astrologie, là ?
Alors l'astrologie, j'aime bien, mais ça demande des pincettes.
PFFFFF
J'ai dû lire mon thème astral des dizaines de fois et tout oublier dans l'heure suivante.

C'est le problème de ces outils de connaissance mentale.

Tu ne sais pas vraiment quoi faire des informations.

L'autre gros problème de l'astrologie, c'est l'usage (et la compréhension surtout) qui est fait de l'horoscope.

Le mot « prévision » surtout.

On est d'accord pour dire que l'astrologie ne sert pas à prédire l'avenir !

Ce que ça nous apprend, c'est que la position des planètes à l'heure de notre naissance dispose d'une signature énergétique.

Cette signature peut être comprise, expliquée, traduite (oui, je fais dictionnaire des synonymes à mes heures perdues) avec plein de filtres différents.

Celui que nous connaissons le mieux se traduit en signes astrologiques : Cancer, Scorpion, Gémeaux, Verseau, etc.

Et nous connaissons aussi les Dragons, Serpents, Lièvres, etc. de l'astrologie chinoise.

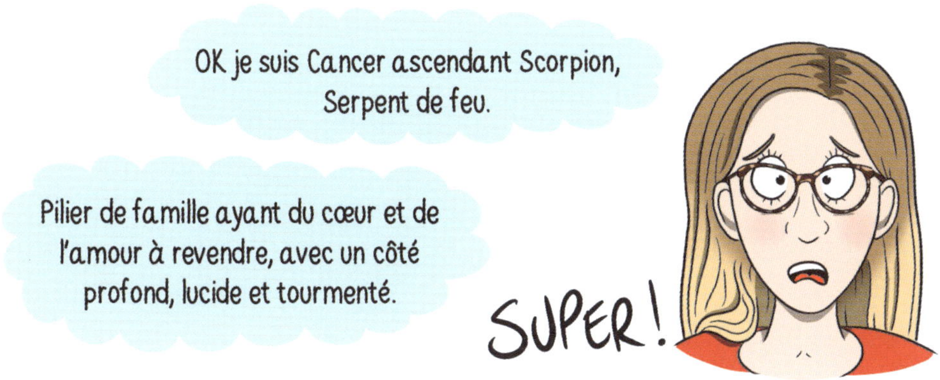

Pour te la faire courte, le Design Humain propose une synthèse de différentes sciences traditionnelles et modernes :

- L'astrologie occidentale et orientale ;
- Le système des chakras indiens ;
- La kabbale ;
- Le Yi King ;
- La mécanique quantique ;
- L'astronomie ;
- Le code génétique ;
- La biochimie et les neurosciences.

L'idée est de créer un lien entre cette signature énergétique fondée sur tes données de naissance et la manière dont les gènes sont organisés. De là, on arrive à identifier un schéma énergétique complet, une cartographie personnelle qui est propre à chacun. Comme son ADN.

Ce qui rend cette science différente des autres, c'est qu'elle est faite pour être expérimentée, pas pour être comprise.

Prendre connaissance de ton Design Humain, c'est mettre au jour ton aspect unique au monde.

Comme pour le code génétique, qui est différent pour chaque être humain, pour comprendre cette unicité, il faut déchiffrer ta carte en entier.

Dans ce livre, nous ne pourrons pas parler de tout ; ce que tu vas trouver ici, ce sont les premières clés pour mieux te connaître et démarrer ton déconditionnement.

À quoi ça sert ?

- Comprendre comment tu fonctionnes face aux gens et aux situations.
- Comprendre comment tu te connectes aux autres et au monde.
- Prendre des décisions éclairées.
- Savoir avec précision quels sont tes atouts, tes forces, tes faiblesses et tes prédispositions.
- Te reconnecter à ta puissance intérieure.
- Aligner tes actions avec ton ressenti.
- Communiquer de manière authentique.
- Tu peux aussi trouver le job de tes rêves ou améliorer ton entreprise.
- Je suis même allée jusqu'à construire des stratégies de communication complètes pour certains de mes clients en utilisant des informations de leur carte HD.
- Tu peux trouver des partenaires, l'amour, la thune et tout ce que tu veux, en fait.
- Après, tu commences à entrevoir des futurs possibles et à les matérialiser.
- Changer ton futur et de ce fait changer très rapidement ton présent pour enfin vivre la vie que tu désires vraiment.

Mais n'oublie jamais que tout ça n'est rien si tu n'expérimentes pas dans la matière.

Un m'ment donné, il faut tester !

LA LÉGENDE DE RA URU HU

Robert Alan Krakower était un enseignant tranquille et peut-être un peu perché. On sait pas.

Ce qui est sûr, c'est que c'est pendant son séjour sur l'île d'Ibiza qu'il a canalisé le Design Humain.

L'histoire n'est pas d'une clarté absolue sur ce qui s'est réellement passé ce soir du 3 janvier 1987. Ra (Robert Alan, donc) a reçu la visite de la « voix » qui lui a enseigné pendant huit jours et huit nuits les mécanismes de l'univers et la façon dont nous sommes programmés.

Pendant huit jours, Robert, qui depuis s'est renommé Ra Uru Hu, a compris les mécanismes naturels de l'univers. Pendant ce temps, il n'a ni mangé, ni bu, ni dormi. Il s'est contenté de télécharger ce savoir, « les cristaux de la conscience », qui sont chargés de coordonner toute la vie.

Il aurait pu raconter qu'il s'est enfermé dans une bibliothèque sans boire ni manger, qu'il a lu des livres sur l'astronomie, l'astrologie, le système des chakras, le Yi King, les codons de l'ADN et les neutrinos, qu'il a étudié la kabbale et décrypté le code génétique, que ce faisant il a trouvé des corrélations étranges, indubitables. Il aurait pu résumer cette affaire en l'œuvre d'une vie, ça nous aurait probablement rassuré le mental.

Le fait est que ce qui peut s'apparenter à un gros trip sous acide va devenir une véritable science fondamentale, un système empirique qui combine les sciences traditionnelles et modernes en un système de compréhension du monde encore jamais expérimenté jusque-là.

Pour le reste... il y a cette phrase qu'il aurait prononcée dans une de ses innombrables vidéos :

« Ne me croyez pas, expérimentez vous-même ce qui se passe de l'autre côté du non-soi. Cela demande de la curiosité, de l'humilité et de l'audace. Et ça vaut sacrément le coup ! »

Le fait est que la semaine durant laquelle Ra a reçu son enseignement, un événement extraordinaire s'est produit. Pour la première fois dans l'Histoire, une supernova a pu être observée à l'œil nu, depuis le sommet d'une montagne au Chili.

Une supernova est la mort d'une étoile, une vaste explosion d'une intensité pratiquement inimaginable. D'après le Design Humain, cette étoile, maintenant connue par les scientifiques sous le nom de 1987A, a bombardé notre planète d'un déluge d'informations subatomiques durant son souffle de mort.

Le processus de déconditionnement

Lorsque la voix a visité Robert Alan, qui se faisait déjà appeler Ra mais qui n'était pas encore M. Uru Hu, elle lui a appris les mystères de l'univers, la façon dont tout s'imbrique de manière extrêmement harmonieuse.

Elle lui a raconté le neutrino et les cristaux de conscience, et elle lui a expliqué « le programme ».

Le programme. On peut l'appeler comme on veut : il s'agit de la société, de notre environnement et de son impact sur nous, sur un plan génétique.

Aujourd'hui, on parle même d'épigénétique.

L'épigénétique, c'est un peu la génétique du comportement. Elle explique comment on peut développer des traits génétiques par simple reproduction comportementale.

C'est important, car nous pensons naturellement que nous sommes conditionnés par notre environnement sur le plan psychologique. Nous pensons que nous grandissons dans un monde d'idées et d'opinions, et qu'il ne tient qu'à nous de nous en détacher ou d'en garder le meilleur.

À côté de ça, il y avait la génétique, les maladies transmises de génération en génération et les traits caractéristiques : couleur des yeux, de la peau, taille des jambes et capacités artistiques...

En décryptant le code génétique pour créer un schéma unique à chacun, sur la base d'informations indépendantes de tout conditionnement, le Design Humain est venu bousculer une partie de ces croyances.

Par la suite, les travaux de Richard Rudd sur les portes du Design Humain sont venus enrichir ces connaissances d'une couche supplémentaire de compréhension.

On y retrouve les soixante-quatre portes, issues des soixante-quatre hexagrammes du Yi King et associées aux soixante-quatre codons de l'ADN, mais cette fois, elles sont présentées sous formes de clés.

Les clés génétiques (*gene keys*) permettent, par leur exploration, de déverrouiller des fonctions intégrées dans notre ADN.

Le schéma corporel (renommé profil hologénétique) va alors se présenter comme un parcours initiatique de libération de notre potentiel, dans lequel chaque clé présente trois étapes de conscience, ou états vibratoires : l'ombre, le don et le *siddhi* (le superpouvoir).

Au cours de mes recherches, j'ai eu l'occasion d'utiliser le Design pour tout un tas d'objectifs différents. J'ai commencé par le *branding* (qui était mon métier d'origine) et j'ai découvert la puissance des mots-clés qui ont été utilisés par « la voix ».

Il est dit qu'une lecture de ta carte par un analyste a un effet directement sur le plan méta-mental. Des mots-clés s'inscrivent en nous et se libèrent par la suite, au fil de l'expérimentation.

Fascinant, pas vrai ?

Je me suis empressée de commander une étude dès que j'ai appris ça.

Alors j'espère que le méta-mental a pris cher, parce que moi j'ai absolument pas compris un mot de ce que racontait l'analyste.

C'est aussi pour cette raison que je me suis plongée dans mes propres recherches.

J'ai donc utilisé ce système de mots-clés en créant des stratégies de communication clés en main, comme une sorte de *copywriting* génétique qui s'est avéré d'une efficacité fascinante.

Et plus j'avançais dans mes recherches, plus le déconditionnement se faisait en moi, presque tout seul.

Pour tout te dire, c'était comme si, à certains moments, des petites bulles de compréhension éclataient à l'intérieur de moi, changeant mon regard sur les choses, pour toujours.

Ra Uru Hu disait qu'il fallait sept ans pour terminer un premier cycle de déconditionnement. C'est le temps que prennent les cellules du corps pour se régénérer.

On sait aussi que les sept premières années de la vie sont les plus fondamentales en termes de construction et donc de conditionnement.

Coïncidence ? Je ne crois pas !

Je ne sais pas pour ces chiffres ; en réalité, je pense qu'il y a des effets instantanés à la découverte du Design et d'autres trucs qui dureront toute la vie.

Et que ce n'est pas vraiment important.

Conditionnement et non-soi

La première chose que je dis toujours, c'est qu'il est complètement contre-productif de faire du Design Humain une connaissance purement mentale.

La conscience ici va servir de porte d'entrée, évidemment (on ne lit pas encore avec ses pieds).

Mais ce n'est pas le conscient qui est conditionné, c'est le subconscient. Pour lui, s'adapter, c'est une question de survie.

Or, dans nos sociétés confortables, la survie prend une dimension plus large que le risque de se faire manger par un mammouth.

Survivre socialement, s'adapter pour être aimé·e ou accepté·e, cela fait aussi partie de nos processus automatiques de survie. Ceux qui sont inscrits dans notre système nerveux depuis la petite enfance.

C'est là qu'intervient le non-soi. En étant « conforme » à ce que nous percevons d'essentiel dans notre environnement, nous augmentons nos chances d'avoir une vie plus agréable.

J'ai bien dit : « ce que nous percevons ». Loin de moi l'idée d'ouvrir un débat sur la toxicité des environnements ici ; ce qui compte, c'est ce que notre corps a interprété comme une menace pour notre bien-être.

On va rechercher un conditionnement positif dans lequel on va tâcher d'être comme tout le monde, parce qu'être différent est dangereux.

« Ah bon, alors si tout le monde vit comme ça, je vais faire comme tout le monde, c'est plus sûr. »

C'est la motivation du non-soi pour réussir à s'adapter et à se protéger. C'est aussi une question de survie.

C'est le mental qui envoie des croyances.

Le mental est un menteur.

L'ennemi n'est pas le conditionnement. L'ennemi, c'est l'ignorance du conditionnement.

Le processus de déconditionnement va un peu plus loin qu'un parcours d'éveil. C'est plus que du développement personnel. C'est un processus étrange, en réalité.

C'est comme si tu voyais le même film mais avec un point de vue différent.

Comme si d'un coup tu te mettais à t'observer en train de vivre. Déjà rien que ça, sans même avoir la moindre info sur le HD, tu peux changer ta vie.

C'est notamment le travail qui a été mené en psychologie positive, et c'est aussi ce qu'on fait quand on utilise les archétypes.

Alors maintenant, ajoutons une couche de connaissance de soi.

Connais-toi toi-même...
et tu connaîtras l'univers et les dieux.

Encore cette phrase !

Pourquoi, d'après toi, l'oracle de Delphes disait-il aux gens que se connaître soi-même permettait de connaître les dieux ?

Cette idée m'obsède depuis la première fois que j'ai lu cette phrase.

Cela peut vouloir dire que nous sommes des dieux. Que l'univers n'est que ce que nous en voyons. Cela peut vouloir dire que se connaître, c'est le premier pas pour connaître la nature humaine qui est le premier pas pour connaître la nature divine. Cela peut vouloir dire plein de choses, mais ce qui est sûr, c'est que la voix n'a pas toqué à la porte de Robert pour lui expliquer la nature humaine. Elle lui a bel et bien donné les secrets de l'univers. En lui fournissant le matos pour créer une science. Et de cette science on tire un outil de connaissance de soi.

Le système du Design Humain

Donc, le Design Humain fait une synthèse de quatre anciens systèmes ésotériques qui sont en réalité des sciences primitives, mais qu'on aime bien appeler « pseudo-sciences » chez les thésards des réseaux sociaux, et des sciences modernes, par une mécanique de corrélations qui ne cesse de s'étendre.

Je pense même que plus le Design Humain va être connu et partagé, plus les corrélations avec d'autres domaines scientifiques vont apparaître.

- ✦ L'astrologie occidentale et orientale, que j'appelle la « signature énergétique » du moment de notre naissance et qui va aussi avoir une influence sur l'ensemble de notre vie à travers les transits.
- ✦ Le système des chakras indiens qui est à l'origine des « centres énergétiques » dans notre graphique corporel.
- ✦ La kabbale : lecture ésotérique des textes religieux, créant des connexions entre toutes choses dans une vision holistique du monde.

On retrouve notamment une ressemblance entre le graphique corporel et l'arbre de vie de la kabbale.

- Le Yi King : art divinatoire chinois utilisant la symbolique des hexagrammes qui sont au nombre de soixante-quatre (comme les portes du Design Humain).
- Le code génétique : les codons qui sont également au nombre de soixante-quatre. (Coïncidence ? Je ne crois pas.)
- La mécanique quantique qui va notamment expliquer le phénomène des cristaux de conscience et des neutrinos qui constituent le fondement du système du Design Humain.
- La biochimie et les neurosciences, parce que c'est stylé (et pour d'autres raisons qui apparaîtront évidentes à la lecture de ce livre).

LE SAVAIS-TU ?

D'après le HD, le système de chakras représente l'ancien fonctionnement de l'être humain à sept centres.

En 1781 est sorti un nouveau type d'être humain (une sorte de mise à jour, on peut dire ça) à neuf centres.

Il est aussi dit qu'en 2027 sortira la prochaine mise à jour à onze centres qui s'appelle le « rave », et d'après ce que j'ai compris, ça va être folklorique.

À mes yeux, le Design Humain est donc un instrument puissant de connaissance de soi permettant de vivre selon sa vraie nature. Un outil qui analyse l'individu en profondeur et permet de recommander la bonne stratégie à adopter face à un problème.

Et nous, qu'allons-nous faire de ces informations ?

Nous allons faire le point sur les forces en présence.

Le passé ne peut rien pour toi,
mais toi, tu peux quelque chose pour lui.

Mon approche personnelle

Le Design humain, ou science de la différenciation, va te permettre d'expérimenter ton unicité.

Ce faisant, tu vas te reconnecter avec ton pouvoir créateur. Et ta part divine.

Si on part du principe que nous sommes les créateur·rice·s de notre univers et que nous manifestons les événements qui traversent nos vies pour une raison, alors rien n'arrive pour rien.

La réponse est quelque part en nous.

Et que tout ce que nous allons vivre va donc être pour nous un messager, un compagnon destiné à nous guider vers quelque chose de plus grand (ou du moins plus élevé).

L'idée se résume en une phrase : les choses ne nous arrivent pas À NOUS, elles arrivent POUR NOUS.

Facile à dire, mais plus difficile à appréhender lorsque nous vivons des choses difficiles, bien sûr. Mais gardons l'idée dans un coin, et explorons encore un petit peu ce chemin de vie qui se dessine.

Tout comme le Yi King, les tarots et les différents outils issus du monde ésotérique, ce que nous appelons les oracles n'est pas destiné à prédire l'avenir.

L'avenir ne peut être prédit, puisqu'il existe sur le même plan que le présent et le passé.

En revanche, nous pouvons l'écrire.

Lorsque je me débarrasse d'une croyance limitante liée à mon vécu, je réécris mon passé.

Lorsque je tire une leçon d'un échec, je transforme le passé en atout pour le futur.

Or si je peux réécrire le passé, je peux aussi écrire le futur.

La rétrocausalité

Issue des travaux de Carl Gustav Jung, le concept de rétrocausalité part d'un principe très simple : le présent n'est pas influencé par le passé, mais par le futur.

En d'autres termes, nous vivons dans le présent en préparant un futur. Même lorsque celui-ci n'est pas celui que nous voulons, nos croyances limitantes nous poussent à suivre un chemin qui nous conduit inévitablement vers une situation qui nous semble inéluctable.

Si je traduis en langage « vraie vie », ça donne :

- Je suis gros·se parce que j'ai peur de l'avenir et de ne pas tout maîtriser.
- Je suis malade car j'ai une peur non résolue.

Cela se passe bien souvent sur un plan inconscient. D'ailleurs, pour la plupart, nous agissons pour le futur que nous voulons. Et pourtant, les choses ne semblent pas aller dans le bon sens.

Car au fond, nous n'avons pas suffisamment créé le futur choisi, nous ne l'avons pas ancré de manière à le densifier dans la matière. Notre inconscient bloque notre énergie.

Et c'est ici qu'interviennent ces outils.

Les « oracles » sont des outils qui explorent les forces en présence.

Ils sont là pour nous donner une image éclairée de la situation, ainsi que des pistes qui nous permettront de faire le point sur nos désirs, sur les outils dont nous disposons pour réaliser ces désirs et sur les différents chemins qui vont nous y mener.

Ils nous permettent par exemple de faire le tri entre un désir d'ego et un désir d'âme.

Un désir créé par la peur : Je ne veux plus avoir de problèmes d'argent / de poids / de couple.

Ou un désir créé par la volonté de s'accomplir : Avoir plus d'argent me permettra de me sentir en sécurité et de me consacrer à d'autres choses, avoir plus de temps avec mes enfants me permettra de créer une ambiance harmonieuse dans ma famille…

Enfin, ils nous indiqueront COMMENT le futur que nous désirons est à notre portée et quels sont les moyens de l'obtenir.

Entre toi et moi

Je suis profondément convaincue que l'univers ne fait que nous donner ce que nous lui demandons, et parfois sans le savoir. Parce que des êtres humains accomplis vont dans le sens de l'univers.

En gros, si l'univers nous met bien, on va bosser à changer le monde, pour le mieux.

Chaque outil va le faire à sa manière, avec ses mots et sa symbolique, car chacun dans son style permet de créer un pont entre les différents plans. Ensuite, ce sont nos croyances et nos goûts qui vont faire le tri.

On n'est pas obligé·e de croire à la loi de l'attraction, aux vies antérieures, aux anges et à tous les plans surnaturels impliquant des entités quelconques, mais on est obligé·e de croire en soi.

Si une personne te dit : « Je reviens du futur, tu étais multimilliardaire et tu avais plein de cheveux », alors tu vas peut-être commencer à y croire, tout ton être va alors vibrer cette énergie, tes actions et ton focus vont changer sans même que tu le réalises.

Je range l'étude du Design Humain dans la case « oracles », tout simplement parce que la puissance des informations que l'on peut en tirer te permet d'avoir une vision vraiment globale et complète des forces en présence et de la meilleure manière de les utiliser pour atteindre tes objectifs de vie.

Armé·e de cette connaissance, tu vas pouvoir :

- comprendre ton rythme personnel et adapter ta vie à ton tempo,
- te réconcilier avec certaines de tes réactions et certains de tes comportements,
- rendre à ton mental son rôle de conseiller et à ton corps son rôle de véhicule, et VIVRE ta vie de la meilleure manière possible,
- comprendre ton impact sur les autres et ton rôle au milieu de tous ces gens imparfaits et merveilleux qui font le monde,
- comprendre pourquoi parfois ça chie dans la colle,
- prendre du recul sur la vie et pouvoir enfin te concentrer sur ton potentiel de sagesse,
- te reconnecter à ta divinité intérieure et devenir le héros ou l'héroïne de ta vie,
- recommencer à choisir au lieu de rêver et à expérimenter au lieu de galérer,
- retrouver ta souveraineté et te connecter à ton leadership personnel.

Comment ça fonctionne ? (en vrai)

Prenons une carte au hasard :

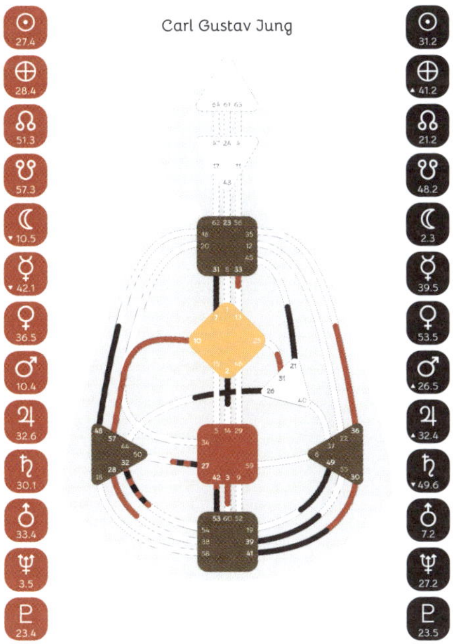

Qu'est-ce que ça peut bien vouloir dire ?

Au moment précis de ta naissance, il y a eu treize activations planétaires. Ces planètes, en passant, ont activé des portes. Il s'agit des activations que tu retrouves dans la colonne noire, à droite.

On procède ensuite à un petit calcul savant qui nous amène environ trois mois plus tôt pour définir les activations à gauche, en rouge.

Il est dit que trois mois avant ta naissance s'est installé en toi le cristal du Design, dans le centre de l'intellect. Il contient toutes les informations de ton ADN, tes mémoires cellulaires, mais aussi ton épigénétique, l'héritage comportemental de ton environnement de naissance. C'est aussi ton corps physique.

On part du principe qu'à ce moment-là de ta conception, tu avais tout sauf ta personnalité qui s'est installée à ta naissance dans le centre couronne (qui se trouve tout en haut de ta carte).

Les activations en noir sont dites conscientes, elles parlent de ta personnalité, et les activations en rouge sont dites inconscientes, elles concernent ton Design.

À ce moment-là s'est créé naturellement le monopole magnétique qui est une synthèse de ton Design et de ta personnalité et qui s'est installé dans le centre du soi qui se trouve au milieu de ta carte.

Les portes activées sont ensuite reportées dans ta carte. C'est ainsi que vont se décider tes centres définis et non définis, et ce sont eux qui vont déterminer également ton type, ton autorité et tes canaux.

Tu me suis ?

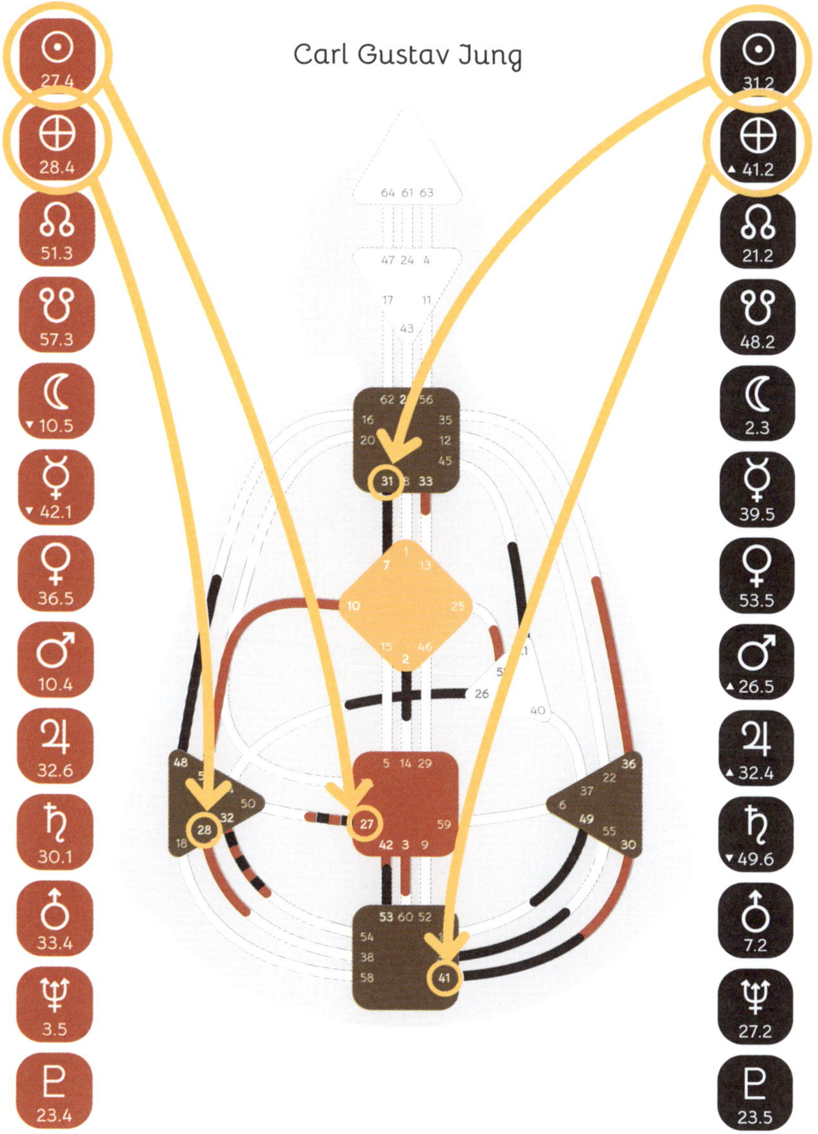
Carl Gustav Jung
27.4
28.4
51.3
57.3
10.5
42.1
36.5
10.4
32.6
30.1
33.4
3.5
23.4
31.2
41.2
21.2
48.2
2.3
39.5
53.5
26.5
32.4
49.6
7.2
27.2
23.5

C'est l'histoire d'un neutrino...

(Ça commence bien.)

L'une des preuves les plus indéniables de l'intervention de la voix dans la vie de notre ami Robert, c'est justement cette histoire de neutrinos.

Comme il le dit lui-même dans de nombreuses interviews, son cerveau n'est pas vraiment capable de comprendre toute cette connaissance qu'il a canalisée.

Ce n'est pas Robert qui transmet le message du Design Humain, c'est Ra Uru Hu.

Et comme le mien (de cerveau) n'a rien à envier à celui de Robert, je me contente de vous proposer un petit résumé très simple et adapté à ma vision des choses.

Tout est énergie.

L'énergie circule beaucoup plus rapidement que la lumière, en temps réel, voire plus vite (puisque bon, le futur, le passé, Einstein... tout ça).

Mais l'énergie, c'est quoi ?

La lumière est une énergie, l'argent et l'amour sont des énergies (il paraît).

L'énergie, c'est comme le wifi : tu la vois pas et tu la verras jamais, mais tu peux pas regarder Netflix si c'est débranché.

Et donc l'énergie se promène entre nous par l'intermédiaire des neutrinos : des particules subatomiques présentes en grande quantité autour de nous. Mais genre en très grande quantité. Genre des trillions au mètre carré.

Et donc ces petits Deliveroo subatomiques transportent d'énormes quantités d'informations et de programmes, et les passent d'une personne à l'autre grâce à l'attraction de nos cristaux.

Voilà !

C'est ainsi que je comprends le système.

Ce qui n'exclut pas que ce ne soit pas vraiment comme ça que ça se passe en vrai.

Et donc tout ça, on en fait quoi ?

« Les informations fournies par le Design Humain représentent une véritable carte au trésor. La carte est disponible et accessible à chacun d'entre nous. Cependant, la compréhension de sa structure nécessite une étude. Lorsqu'on apprend à lire sa propre carte et à suivre le chemin qu'elle indique, on entreprend un voyage au niveau cellulaire, au cœur même de soi. Avec le temps, on découvre les bénéfices qu'on obtient en vivant selon sa nature véritable. C'est l'aventure d'une vie, c'est le voyage qui nous attend tou·te·s. Autant en profiter et apprécier le voyage. »

Encore une citation attribuée à Ra Uru Hu.

Découvre ta carte HD

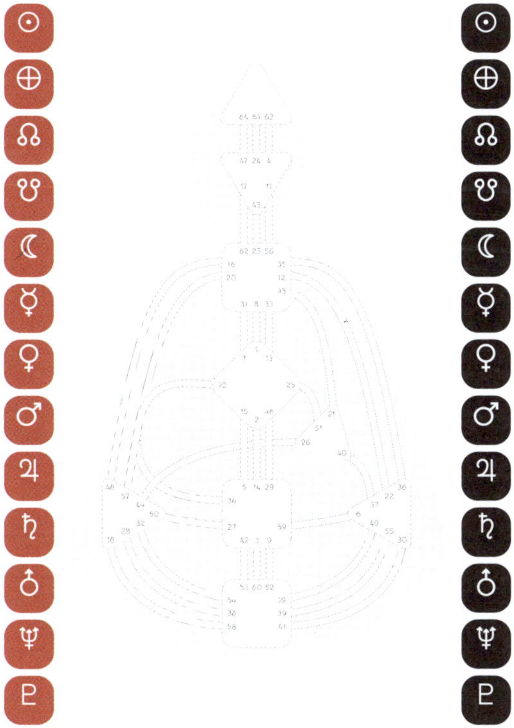

Mais où trouver ta carte HD ?

La première chose à faire c'est d'aller calculer ton schéma corporel.

Pour cela c'est très simple ! Tu te rends à cette adresse :

www.tondesignhumain.online

Tu vas pouvoir télécharger ta carte en PDF avec une multitude d'informations que tu ne vas pas comprendre au premier abord, mais tu trouveras déjà beaucoup d'explications sur le site !

Les informations demandées sont toujours les mêmes : date, heure et lieu de naissance.

Attention, car la précision de l'heure peut changer pas mal de choses dans ton Design. Mon conseil : fais une demande auprès de ta mairie de naissance pour recevoir ton acte de naissance (service en ligne dans beaucoup de villes).

C'est ainsi que j'ai appris à 40 ans passés que je n'étais pas née à 16 heures comme je le pensais, mais à 15 h 30.

Armé·e de cette information, voici ce que tu vas découvrir.

J'ai découpé la connaissance du Design humain en trois niveaux :

1. Ton fonctionnement et tes interactions.
2. Ton potentiel et tes dons.
3. Ton chemin de vie et ta destinéééée.

Mais ATTENTION, il y a des étapes. Des étapes à ne pas manquer si tu ne veux pas succomber à l'effet Barnum (des fausses résonances créées de toutes pièces par ton mental avide de connaissances, qui te fait croire que tout ce cirque est bien réel) (barnum > cirque > lol).

Le HD est avant tout une expérimentation.

Et au cours de cette expérimentation :

- Ton fonctionnement est au service de ton potentiel.
- Ton potentiel te mène sur ton chemin de vie.

Tu n'as même pas besoin de la connaissance intellectuelle pour le vivre, en vérité. N'oublie pas, le problème avec le conditionnement, c'est que ce n'est pas le conditionnement qui pose problème, c'est l'ignorance du conditionnement (j'ai dit trois fois conditionnement, est-ce qu'il va apparaître derrière toi ?).

Qu'est-ce qu'il y a dans une carte HD ?

- D'abord tu apprends quel type d'être spirituel est venu jouer à l'humain dans ta carcasse, et comment utiliser son énergie et son aura.
  C'est ton type énergétique. Il en existe 5.
- Ensuite tu apprends comment prendre des décisions en alignant cette énergie et ton petit corps d'humain fragile.
  C'est ton autorité personnelle. Il en existe 7.
- Puis tu découvres avec stupeur que ce petit corps pas si fragile est rempli de centres spirituels (des chakras) qui te donnent des infos sur ton fonctionnement et tes réactions face au monde.
  Ce sont tes 9 centres. Ces centres peuvent être définis ou non.
- Ce qui active ces centres, c'est la création d'un canal, un flux de vie qui coule en toi entre ces centres et qui te pousse à être ce que tu es.
  Ce sont tes canaux. Il y en a 36.
- Chacun de ces canaux fait partie d'un groupe énergétique spécifique qui spécifie ton rôle dans le monde.
  Ce sont des circuits. Il y a 4 groupes de circuits.
- À l'entrée de ces canaux, il y a des portes qui ouvrent chez toi des aptitudes naturelles, des prédispositions.
  Ce sont tes portes. Il y en a 64.
- Ces portes ont été activées par des planètes qui leur ont donné un rôle spécifique dans ton chemin de vie.
  Ce sont tes activations planétaires, et elles sont 13.
- À la confluence de toutes ces informations se trouve une croix d'incarnation que l'on peut traduire par ta « destinée » ou ton « thème de vie ».
  C'est ta croix d'incarnation. En tout, il y en a 192.

- Et enfin, tu découvriras, pantelant·e de surprise, comment la combinaison de toutes ces informations te propose un « costume d'incarnation ». C'est un archétype qui t'appartient et qui va soutenir ta manière d'aborder la vie.
  C'est ton profil. Il y en a 12.

Toutes ces informations donnent des tendances, des directions, des informations énergétiques qui ne disent pas ce que tu fais dans la vie, mais plutôt comment tu le fais. Si tu cherches des réponses, tu trouveras celles qui sont en toi. Tout le reste t'appartient.

Nous n'allons pas aborder tous ces sujets dans ce livre, sinon il ferait le poids d'une encyclopédie en dix volumes.

C'est un premier décryptage qui t'éclaire sur ton fonctionnement et ta façon de prendre des décisions.

Le Design Humain offre des clés précieuses pour te connaître mieux, et surtout vivre une vie qui est vraiment la tienne.

Agir mieux, finalement, ça ne veut pas dire grand-chose, on agit forcément mieux quand on agit comme on est.

Par quoi on commence ?

Trois mots pour se décrire : type, autorité, profil.

Le type, le profil et l'autorité constituent la « carte d'identité HD ».

D'ailleurs, dans les cercles d'initié·e·s, on se présente comme ça : « Bonjour, Fanny, GM sacral 5/1 ».

Et tu vas voir, les gens savent tout de suite à qui ils ont affaire.

C'est surprenant au début, mais toi aussi tu peux rapidement t'intégrer dans ces cercles en prenant un air entendu.

Tu pourras même sortir des *punchlines* de connaisseur·euse du genre : « Aaah, un projecteur sans autorité intérieure ! C'est formidable, je dois donc t'inviter à converser avec moi ! Ha ha hi hi hu hu. »

Tu sauras pourquoi, si tu es générateur, tu ne peux pas faire grand-chose sans l'autorisation de ton sacral, pourquoi, si tu es un manifesteur qui n'informe pas, tu ne seras pas compris, et pourquoi un projecteur qui prend la parole sans y être invité sera soudain plus transparent que Casper.

Tu sauras également pourquoi les plus grandes décisions de ta vie échappent parfois à ta logique, parce qu'elles sont guidées par un endroit spécifique dans ton corps et qu'il faut l'écouter.

Enfin, tu sauras pourquoi parfois tu as l'impression de tout faire de travers, pourquoi tu as la sensation d'être victime de toi-même, d'être enfermé·e dans un personnage qui a ton visage et ta voix mais qui n'est pas toi.

Ensuite, nous étudierons les centres énergétiques et leur influence dans ta vie. C'est un passage très important, car il va te permettre de vivre ce que j'ai appelé le premier effet Kiss Cool du déconditionnement : la déculpabilisation.

Comprendre les centres et leur influence sur ton fonctionnement

Avant d'aborder directement l'étude de ta carte, il faut d'abord que je fasse un petit détour du côté des centres, parce que c'est la définition de tes centres énergétiques qui va expliquer ton type, ton autorité et tout ton fonctionnement. En comprenant le fonctionnement des centres, tu auras une vision plus claire des raisons pour lesquelles je vais rapidement te balancer des injonctions à la figure de style « tu ne dois pas initier » ou « si tu n'attends pas l'invitation tu vas finir en chou de Bruxelles ».

Les neuf centres représentent ton énergie intérieure.

C'est le flux de vie qui coule en toi et qui porte tes réactions.

EN GROS, nous avons neuf centres, situés là où il y a des chakras.

Les centres, ce sont les formes géométriques que tu peux observer sur ton schéma corporel et qui sont remplies de petits chiffres. Ces chiffres sont les portes qui ont été activées par la position des planètes (à ta naissance ou trois mois avant) : chacune de ces portes appartient donc à un centre.

Dès que deux portes se faisant face sont activées, cela crée un canal énergétique.

C'est cette activation qui va colorer les deux centres.

Tes centres colorés sont dits définis.

Tes centres non colorés (blancs) sont donc non définis.

C'est la façon dont tes centres sont connectés entre eux, et s'ils sont définis ou pas, qui va déterminer ton type et ton autorité.

Un centre défini sera un centre que l'on « maîtrise » et sur lequel on pourra compter, alors qu'un centre non défini sera davantage soumis aux influences et aux énergies venant de l'extérieur, et aura même tendance à les amplifier.

Il n'y a pas de bonne ou de mauvaise situation... t'as la réf ?

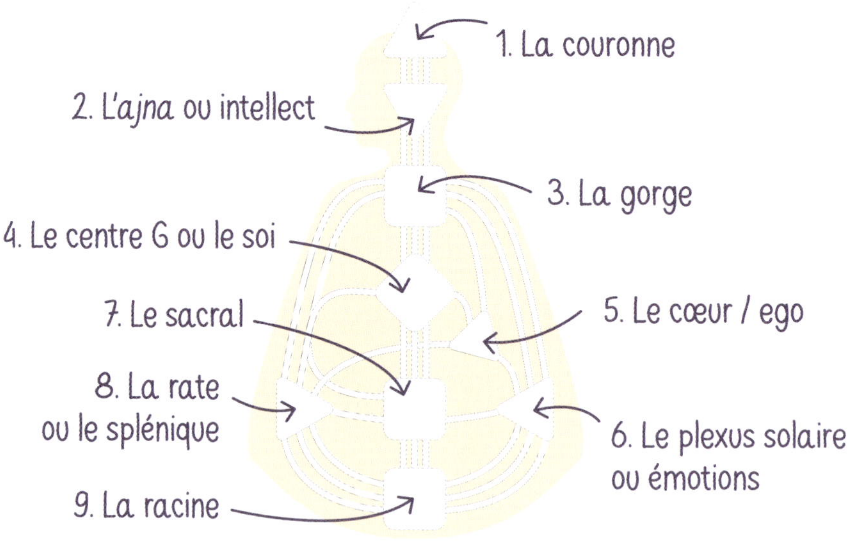

Les centres blancs ne sont pas des handicaps. Les deux sont positifs, le défini peut s'avérer rigide et incapable de se laisser inspirer, le non défini est plus ouvert à l'autre mais s'avère plus sensible au conditionnement et à l'influence.

Tout ceci sera expliqué en détail au cours de ta lecture.

Quel type d'être humain es-tu ?

C'est la première chose à connaître. La base.

D'ailleurs, maintenant que tu intègres le club perché du Design Humain, c'est quelque chose que tu vas entendre souvent : reviens à ton type et à ton autorité. C'est pratiquement la seule chose à savoir, en réalité.

Il existe cinq types :

- Les manifesteurs
- Les générateurs
- Les générateurs-manifesteurs (dits GM)
- Les projecteurs
- Les réflecteurs

Chaque type dispose d'un fonctionnement qui lui est propre et surtout, ce qui va nous intéresser, c'est que chaque type va avoir son propre système de réponse au monde qui l'entoure.

En connaissant ton type, tu sauras pourquoi parfois les choses vont comme tu veux. Tu sauras d'où viennent ta colère, ta frustration, ta déception, ton amertume… Tu sauras aussi pourquoi tout s'effondre alors que ton intellect t'avait promis que ça se passerait bien, et ce que ça risque de provoquer en toi. Tu sauras aussi comment tu dois faire pour éviter ça.

C'est LA BASE, donc.

Ton type est une clé de référence à laquelle tu dois revenir en permanence. Lorsque tu exploreras tes canaux et tes portes, c'est ton type qui t'indiquera la meilleure manière d'utiliser ces compétences et de diriger ce flux de vie qui coule en toi. Ainsi, tu pourras mettre en place les bonnes actions au bon moment et rectifier, lorsque c'est nécessaire, en sachant que tu t'es éloigné·e de ton Design.

Tu es un manifesteur

Tu es ton seul guide.

Une aura dense et fermée ou (un peu) repoussante

Le manifesteur est le seul type énergétique qui n'a pas du tout besoin des autres pour initier une action ou un projet. Son aura dense, qui n'a pas besoin de se connecter à celle d'une autre personne pour démarrer des choses, lui permet de se recentrer sur la seule autorité en la matière : lui-même.

Les manifesteurs, aussi nommés catalyseurs, représentent 8 % de la population mondiale.

Ces personnes sont capables de catalyser (donc) une énorme énergie pour la focaliser sur un projet ou sur les gens qui l'entourent.

Le centre gorge du manifesteur est lié à un centre moteur (le sacral, la racine, le cœur ou les émotions).

La gorge étant le lieu de l'action et de la manifestation, c'est cette gorge motorisée qui lui donne l'impulsion pour démarrer des choses sans attendre.

Mais c'est aussi celle qui l'oblige à informer pour que son démarrage rapide soit suivi et compris par le monde.

C'est donc le type capable d'agir en solo et qui n'a besoin de rien ni de personne pour réussir, sa seule énergie suffit. Alors il peut lui arriver de se demander pourquoi les autres ne font pas pareil.

C'est le centre moteur lié à sa gorge qui va influencer sa manière de communiquer, et c'est son autorité personnelle qui va définir ses choix de projets à démarrer.

La stratégie comportementale de l'information

Le manifesteur dispose d'un pouvoir de création illimité, qu'il exerce en informant.

Évidemment, vu comme ça, ça fait un peu maître du monde, mais que nenni, c'est pas si simple.

Tu dois informer tout simplement parce que le manifesteur part trop vite. C'est à cause de cette gorge reliée à un moteur.

La gorge motorisée, c'est la marque du manifesteur. Le centre de la gorge : l'expression, la manifestation sous toutes ses formes, la parole aussi, l'action.

En gros, quand ce moteur s'allume, vavavoum, ça démarre !

Ça peut être le cœur, les désirs, la volonté, les émotions ou la racine (la pression de donner un sens à sa vie et d'en faire quelque chose).

⚠ **ATTENTION : si c'est le sacral, tu n'es pas manifesteur. Tu es générateur qui manifeste. GM pour les intimes.**

Donc si tu oublies d'informer les gens, ils sont encore en train de se demander ce qui se passe que toi tu es parti·e, revenu·e et reparti·e. Ça rend très seul·e.

Alors informe. Parce que sinon, tous ces gens qui semblent carburer au diesel vont te rendre ivre de colère.

Tu peux aussi manifester des difficultés et des obstacles.

Tu peux être un manifesteur et être un excellent exécutant.

Le manifesteur est imprévisible et volatile, et ne SUPPORTE pas qu'on lui dise comment faire. En dehors de ça, en le prenant comme il faut, on en trouve de très bons dans la gendarmerie.

Le manifesteur doit simplement rester guidé par une haute vision, et surtout connaître les tenants et les aboutissants de son action. C'est pour ça que tous les manifesteurs ne sont pas patrons. Et ils obéissent. Jusqu'à ce qu'ils n'obéissent plus.

- Tu dois être informé·e pour agir.
- Tu dois informer avant d'agir.

Ça peut t'énerver. Tu peux te demander pourquoi tu devrais raconter ta vie à tout le monde.

Mais dès que tu auras constaté par toi-même à quel point la vie est plus belle quand tu coopères avec les autres, tu le feras de toi-même, ce sera ton CHOIX.

Tel un moteur de F1...

S'il y a une chose qui définit le manifesteur, c'est sa rapidité d'action.

Son mantra : LAISSE-MOI FONCER.

Il n'est pas conseillé d'essayer de calmer un manifesteur ou de lui dire comment faire les choses.

Et au contraire des générateurs qui vont GÉNÉRER de la frustration (comme en ressentir), le manifesteur va MANIFESTER de la colère.

Si tu oublies d'informer, tu prends le risque de ne pas être compris·e, et ça va se traduire par un sentiment d'injustice pour tout le monde.

Cela s'appelle se mettre en non-soi.

Ta quête est la PAIX.

C'est aussi ta signature si tu suis ta stratégie.

Choix + information = PAIX

Toute la difficulté du manifesteur va être de comprendre que son aura peut créer un malaise dans un monde de générateurs, mais dès qu'il informe, il va créer une motivation de groupe, et les gens vont se mettre à rêver. Tu démarres comme une fusée et ils sont dans ton sillage.

Ce que l'histoire ne dit pas, c'est que toi tu vas t'arrêter très vite, car ton énergie n'est pas inépuisable et surtout tu vas avoir envie de passer à autre chose, alors que le générateur, il est encore en train de courir à l'heure où on parle.

D'un point de vue philosophique, le manifesteur est son propre patron, mais il ne peut rien réaliser sans les autres. Le secret est de ne jamais confondre leadership et *rulership*.

C'est pas parce que tu peux initier que tu commandes, *okay* ?

Tu es sur la Terre pour faire démarrer des idées, des projets, pour changer des choses, tu es aussi sur la Terre pour informer le monde des grands changements qui l'attendent.

Accepte ton inconstance et ton absence de persévérance.

Et concentre-toi sur la manière de faire perdurer les projets en t'entourant efficacement.

Si l'on croit à la loi de l'attraction, en voici une illustration pratique.

Le générateur, pour que ça fonctionne, va devoir s'imaginer comme un aimant, poser une intention et laisser venir à lui les gens, les occasions et les ressources.

Le manifesteur est capable de faire apparaître des idées, des occasions et parfois des choses concrètes, ce qui n'est pas toujours facile à gérer.

Tu dois donc suivre ton autorité pour SAVOIR clairement dans quoi engager ton énergie créatrice, qui peut s'avérer destructrice.

Tu ne peux compter que sur ta boussole interne. L'univers t'obéit.

EN RÉSUMÉ

✦ Le manifesteur est rare. Moins qu'un réflecteur, mais rare. Moins de 8 % de la population. ✦

✦ C'est le seul type au monde qui est capable d'initier et d'entreprendre avec comme seul moteur lui-même. ✦

✦ Tu n'es véritablement toi-même que lorsque tu prends l'initiative. ✦

✦ Ta stratégie comportementale idéale est d'informer après avoir pris ta décision et avant d'agir. ✦

✦ Ta réaction au non-soi est la colère. ✦

✦ Ta quête est la paix. C'est aussi ta signature si tu suis ta stratégie. ✦

Le manifesteur contrarié

Tout un programme…

Tout comme le générateur à qui on a trop demandé d'initier (ou de tout accepter) peut devenir un gros légume fatigué, le manifesteur à qui on a trop dit de se calmer et de se tenir tranquille peut devenir fermé, obéissant et bougon. Comme un lion dans un cirque, tu sais, avec ce regard qui te dit : « Lâche ton fouet qu'on voie qui c'est le patron. »

- Si on te dit quoi faire, tu seras en colère.
- Si on t'empêche de faire ce que tu veux, tu seras en colère.
- Si on te dit comment faire, tu seras en colère.
- Si on te dit d'attendre, tu seras en colère.
- Si tu décides et qu'on ne te laisse pas faire, tu seras en colère.
- Si tu écoutes les autres, tu seras en colère.
- Si tu ne t'écoutes pas, tu seras en colère.

Cette colère peut s'exprimer de différentes manières : sentiment d'échec et d'abandon. Ras-le-bol, fatigue intense, colère contre l'autre ou contre soi-même, rejet, rébellion, comportement laxiste.

Ton plus grand défi va donc être de te faire confiance et de t'écouter avec toute la bienveillance possible.

On associe le manifesteur à l'autorité naturelle, là où le manifesteur contrarié peut vraiment oublier sa colère et développer une grande peur.

- Peur d'informer pour éviter la confrontation.
- Peur d'informer parce qu'on a risqué de tenter de le contrôler.
- Peur d'informer pour éviter les résistances ou le rejet.
- Peur d'être en colère.
- Peur de mettre quelqu'un en colère.

Le manifesteur qui s'ignore est souvent amené à penser qu'il n'est pas persévérant, ce n'est tout simplement pas dans son Design de l'être. Il est fait pour initier, pas pour faire rouler.

Un manifesteur n'a jamais
de moteur sacral (centre sacral) défini.

Les manifesteurs, malgré leur formidable énergie d'initiation, ne sont pas là pour travailler de manière durable. Un travail régulier du lundi au vendredi, de 9 heures à 17 heures, est épuisant pour un manifesteur.

LE SAVAIS-TU ?

Jane et Serge (Jane Birkin et Serge Gainsbourg, pas *Jeanne et Serge* le dessin animé) sont tous les deux manifesteurs.

Ma première pensée : ça devait crier fort à la maison.

Leur fille Charlotte (générateur-manifesteur) a dû tellement les fatiguer...

Dans le cas de Serge, la gorge était reliée aux émotions (par les deux canaux existants, en plus) ET au cœur / ego. Il était donc extrêmement volontaire et agissait probablement sur des impulsions qui pouvaient être très créatives, mais également guidées par une volonté, un objectif. Jane n'a la gorge reliée qu'à ses émotions, mais elle a aussi la moitié du canal qui mène au cœur, avec une seule porte active, celle du régent (porte 45), qui nous dit qu'ils devaient pas mal se disputer la place de chef de famille. Mais je vais probablement trop loin !

Lui a la croix d'incarnation de la tension et elle celle de la confrontation, nous avons donc affaire à deux personnes profondément rebelles et qui aiment prendre les choses en main.

Qu'on se le dise

Ton rôle dans ce monde est de faire avancer les choses.

Il se dit même que les manifesteurs sont d'anciens rois (calme-toi).

Un manifesteur qui n'initie pas va faire fondre ses circuits. Cette énergie doit être utilisée sous peine de s'épuiser, provoquant la maladie physique. Ton but dans la vie consiste à initier le changement en partageant des idées inattendues, en poussant les gens à se dépasser et en leur donnant ainsi les moyens d'agir.

Montrer le chemin et déléguer sont ta raison de vivre.

Tu as besoin des générateurs, et tu dois savoir qu'un générateur a besoin de comprendre sa contribution dans le monde et la manière dont il aide à le faire avancer. Informe-le !

Le manifesteur n'est pas forcément un mauvais soldat. Un enfant manifesteur par exemple, s'il est informé des conséquences et qu'il a le choix, il y a fort à parier qu'il fera le bon.

La stratégie de l'information pour un enfant manifesteur consiste à demander la permission. C'est sa manière d'informer.

ÉCOUTE	INFORME	PASSE
ton autorité pour y puiser les bonnes idées.	autour de toi avant de démarrer.	à autre chose.

Mon petit avis sur la question

- 😩 Si tu ne supportes pas les routines, c'est parce que ce n'est pas dans ton Design.
- 😬 Si tu as rapidement envie de changer, c'est parce que c'est dans ton Design.
- 😒 Si tu n'aimes pas l'opérationnel, c'est parce que ce n'est pas dans ton Design.
- ☺️ Si tu n'as pas confiance en toi, tu te places en non-soi car tu es alors obligé·e d'écouter ton environnement et ce n'est pas dans ton Design. Connecte-toi à ta voix intérieure et fais-lui confiance.
- 😁 Ta réponse est dans l'action : initie et écoute ton autorité intérieure.
- 🤫 En cas de conflit : reçois l'avis de l'autre. Même si tu n'en as pas besoin, même si tu n'en as pas envie, remercie et informe-le que tu feras comme toi tu sens.
- 🥰 Tu n'aimes pas déléguer, car lorsque la personne n'a pas ton énergie et ta rapidité, cela te met en non-soi et génère de la colère : la solution est alors de l'informer, de lui montrer la route et les tournants à prendre, de lui dérouler une liste de tâches.

Tu es un générateur

Une énergie inépuisable

Une aura ouverte et enveloppante

Cette aura ouverte, on la dit aussi inclusive. C'est-à-dire qu'elle « accueille à bras ouverts toutes les énergies alentour », faisant de toi un être à la fois empathique, sensible, vibrant, mais en même temps poreux.

Mais attention, j'ai vérifié dans le dico : poreux, ça veut dire « plein de petits trous », ce qui signifie que ton énergie va facilement se connecter à celle de l'autre, facilitant ton échange avec les autres êtres humains, MAIS aussi que l'énergie de l'autre peut te dévorer.

Les générateurs purs représentent environ 35 % de la population, mais ce qu'il faut savoir c'est que la famille des générateurs (comprenant le type hybride générateur-manifesteur qu'on va voir juste après) couvre en réalité 70 % de la population.

La caractéristique du type générateur, c'est sa stratégie comportementale : répondre à une sollicitation, puis attendre la réponse de l'énergie sacrale, puis se mettre en route. Ou pas.

L'énergie sacrale s'exprime un peu bizarrement, si tu veux mon avis. Elle peut par exemple émettre des sons (nous reviendrons sur ce détail) ou bien t'envoyer des sensations physiques agréables / désagréables.

Tu dois apprendre à l'écouter, à la décrypter, elle est tienne, elle est différente chez chacun·e mais l'étude de ton autorité permettra d'en savoir plus.

Autre chose : manifester, ici, s'entend au sens d'« agir », mais aussi comme toute autre forme de manifestation. Parler par exemple. Faire une action. Et puis, dans un sens plus ésotérique, on parlera de « manifestation » d'un événement.

La stratégie comportementale de la réponse

Le générateur est l'illustration même de la phrase : « Les choses ne nous arrivent pas à nous, elles arrivent pour nous. »

Un générateur qui suit sa stratégie crée autour de lui un champ de résonance qui le rend magnétique dès lors que le sacral est activé : c'est la magie du générateur, mais ça demande une bonne dose de foi.

En effet, le générateur est un bourreau de travail inépuisable qui n'est pas conçu pour entreprendre mais pour attendre.

Attendre les bons projets, les bonnes personnes, les occasions intéressantes et honorer sa réponse instinctive.

Si le générateur accepte de se soumettre à la loi de l'univers, de prendre ce qui vient tout en honorant cette réponse, rien ne pourra l'arrêter.

Son défi va donc être d'être très attentif à son environnement, en attente d'une raison de se mettre en route.

Une force vitale infinie
tournée vers l'extérieur

S'il y a une chose qui définit le générateur, c'est son endurance.

Increvable.

Là où les autres s'affaiblissent, lui est toujours chargé à fond.

MAIS ATTENTION ! Seulement après avoir reçu une réponse favorable de son sacral !

Un générateur qui essaie d'initier sur une impulsion et arrête de s'écouter peut courir au désastre, au burn-out version chute libre.

Cela s'appelle se mettre en non-soi.

D'un point de vue philosophique, le générateur n'est pas son propre patron, il est connecté au monde qui l'entoure et attend les instructions. C'est subtil, car en réalité il y a nombre de grands leaders qui sont des générateurs.

Disons qu'ils ne partent pas à la poursuite d'une idée ou d'un projet, mais attendent patiemment que ceux-ci arrivent à eux pour se mettre en route.

What would my sacral do ?

Le grand secret de la réussite du générateur, c'est donc la réponse instinctive du sacral.

Le sacral est assez loin du mental.
Il agit comme une boussole interne.

Alors c'est là que le moment bizarre arrive. On dit que le sacral émet des sons et notamment ces deux sons : « hmm hmm » qui veut dire oui, ou « hmm hmm » qui veut dire non (c'est un processus très personnel).

Tu peux aussi expérimenter des sensations physiques : une émotion qui se déploie ou se rétracte, la sensation d'être poussé·e ou tiré·e en arrière.

Il faut trouver son processus pour pouvoir le questionner comme un petit pendule.

Tu peux t'entraîner sur des questions faciles et fermées : « Tu as faim ? » « Tu veux manger ? » « Tu veux sortir ? »

Si ta première pensée est : « Tu parles à moi ou au chien ? », c'est normal.

Une fois que tu auras identifié ta réponse intérieure, tu pourras explorer des questions plus profondes de type : « Qui suis-je ? » « Que sais-je ? » « Où cours-je ? »

Un générateur qui veut développer une idée personnelle peut aussi décider d'attirer une situation, d'attendre en gardant l'œil bien ouvert pour pouvoir réagir instinctivement le moment venu.

Il faut prendre ce temps d'attente comme une charge d'énergie.

Si l'on croit à la loi de l'attraction, en voici une illustration pratique.

Le manifesteur va naturellement faire apparaître des idées, des occasions et parfois des choses concrètes.

Le générateur, pour que ça fonctionne, va devoir s'imaginer comme un aimant, poser une intention et laisser venir à lui les gens, les occasions et les ressources.

Mon conseil : choisis bien tes projets, car si ton énergie inépuisable peut sauver n'importe quelle situation, tu pourrais bien user tes forces sans jamais obtenir satisfaction.

EN RÉSUMÉ

✦ Ta devise : attendre - réagir - foncer. ✦

✦ Comme tout bon générateur, tu disposes d'une réserve d'énergie presque inépuisable, mais pour éviter de gâcher cette force vitale infinie, il faut faire les bons choix. ✦

✦ Si tu hésites, demande à quelqu'un de te poser des questions fermées et écoute les sons qui te viennent : « un hmmm qui dit oui ou un Hum qui dit non ». ✦

✦ Ta réaction au non-soi est la frustration. ✦

✦ Si tu ressens de la frustration, c'est que tu n'es pas dans le bon projet. ✦

✦ Ton plus grand défi va donc être d'éviter le danger de l'intellect qui fait des interférences avec le sacral et brouille la réponse intérieure. ✦

✦ Ta quête, qui est aussi ta signature, est la satisfaction. ✦

Attendre la sollicitation, c'est quoi ?

ATTENTION, je n'ai pas dit « invitation » (ça, c'est pour le copain projecteur), j'ai dit sollicitation.

C'est un vrai sujet cette histoire de sollicitation.

C'est toute la magie des mots qui ont été posés (par la voix) dans cette science, qui oblige en permanence à remettre en question notre usage du mot et son sens.

En réalité, on peut dire qu'un stimulus externe qui fait vibrer le sacral est suffisant. On peut le dire. La seule chose, c'est de bien différencier une sollicitation d'une impulsion. Or pour les impulsions, ce sont les générateurs-manifesteurs qui sont davantage concernés (voir chapitre suivant).

Mais on peut aussi voir des générateurs essayer de reconditionner le déconditionnement en passant leur journée à se demander (avec leur mental) si leur idée vient d'eux-mêmes ou s'ils ont vraiment été sollicités (3615 prise de tête).

La stratégie du générateur
n'est pas la sollicitation, c'est la réponse.

Une fois le sacral activé, plus rien ne peut t'arrêter, et s'il reste actif, alors tout ira pour le mieux. C'est l'idée. Ne laisse pas la terminologie t'éloigner de la réponse de ton sacral.

C'est une injonction qui est valable pour tous les aspects du Design Humain, il ne se vit pas avec sa tête.

Il est très important de comprendre qu'un générateur, sur le plan énergétique, est poussé à aller au bout, quoi qu'il arrive. Bien sûr, dans les faits, tu as pu constater au cours de ta vie que ce n'était pas toujours le cas. Mais demande-toi ce que ton énergie voulait, ce que tu as ressenti dans ces moments où tu étais engagé·e dans un projet ou une situation.

Le générateur est comme un train lancé à pleine vitesse, il ne s'arrête qu'à la gare d'arrivée, c'est pourquoi tu dois faire bien attention à ce que tu écris sur ton billet de train sous peine d'arriver épuisé·e et insatisfait·e.

Ra Uru Hu disait que les générateurs avaient beaucoup de chance. Car le sacral est très puissant. Le sacral sait et ne ment jamais. Le plus difficile étant évidemment de savoir l'écouter.

Tu es capable de vivre plusieurs journées en une seule, et ce pendant de longues périodes, sans jamais te fatiguer : c'est ton pouvoir mais aussi ton plus grand piège. Car si tu fais ça sans raison, sans but, juste pour que ce soit fait, tu vas alors connaître le plus grand ennemi du générateur : cette insatisfaction qui se transforme en frustration.

Un générateur dans son non-soi
peut aussi devenir
un gros légume fatigué de la vie.

Le générateur a aussi besoin d'espace et de limites, il ne peut répondre à tout en même temps sous peine de se retrouver submergé ; son énergie a besoin de s'exprimer sur une tâche à la fois, car il ira au bout, et si une autre demande arrive en même temps ça pourrait finir en carambolage.

LE SAVAIS-TU ?

Ra Uru Hu disait que les générateurs sont des êtres vraiment sacrés. En même temps, ce sont les seuls à avoir un sacral... Il disait qu'un générateur pouvait être transformé à tout moment, qu'il ne devait pas forcément attendre sept ans et qu'il pouvait s'éveiller en vingt minutes.

Il parlait d'une capacité unique que seuls les générateurs possèdent : la capacité du sacral à communiquer. Tout ce qui est connecté au sacral parlera à travers le sacral. Répondre aux questions est une des manières les plus évidentes de constater cette magie. C'est de cette manière que le générateur entre en contact avec lui-même : entendre ses propres réponses.

Pour ma part, je suis allée encore plus loin. Après avoir étudié de nombreuses cartes et accompagné des centaines de générateurs, j'ai pu constater une autre magie du sacral. Elle passe aussi par la communication. Le sacral est un véritable champ magnétique. Dès lors qu'il s'active et que nous entendons sa réponse, il se met à attirer spontanément et naturellement toutes les bonnes choses. C'est ainsi que l'on manifeste.

Il ne s'agit pas de dire à un générateur : « Assieds-toi et attends une sollicitation ». Il s'agit encore moins d'attendre que quelqu'un vienne te solliciter. La seule chose à attendre, c'est la réponse du sacral aux sollicitations de la vie. Une fois cette réponse activée, tout viendra naturellement.

Car le sacral est non seulement une boussole, mais aussi un moteur.

Et dès lors qu'on arrive à comprendre ses réponses naturelles, on a accès à une vérité unique et surpuissante. Une vérité absolue.

Il disait que c'est un endroit en nous qui ne nous embrouillera jamais et ne nous mentira jamais.

(Désolée pour les autres, vous êtes exceptionnel·le·s, on vous aime.)

Qu'on se le dise

Tu es la cheville ouvrière de ce monde, mais tu ne dois pas réagir au conditionnement qui pourrait t'obliger à utiliser ton énergie de ouf pour travailler comme un·e damné·e sans jamais être reconnu·e.

Un générateur a besoin de comprendre sa contribution dans le monde et la manière dont il aide à le faire avancer.

Le générateur n'est pas forcément un soldat.

Pour preuve, chez un enfant générateur, les ordres directs sont souvent mal reçus, car il n'a pas le temps d'aller consulter sa réponse intérieure, et si ce qu'on lui demande ne résonne pas, il y a fort à parier que ça traîne des pieds.

La bonne manière de demander quelque chose à un générateur, c'est de lui faire des propositions :

« Aimerais-tu qu'on fasse ceci ? » « Crois-tu que ce serait une bonne idée si tu rangeais ta chambre avant que j'aille y mettre le feu ? » (pour l'exemple).

POSE
tes intentions,
tes rêves,
ta vision du monde.

ATTENDS
les signes
de l'univers
... patiemment...

DEMANDE
à ton sacral
ce qu'il en pense
... si c'est oui...

Mon petit avis sur la question

- 😊 Apprécie le calme de l'attente, imagine ton corps, ton esprit et ton âme en train de se charger d'une énergie puissante qui n'attend que le top départ pour se mettre en route et jouer son rôle de moteur.
- 🤩 Le générateur peut faire tous les métiers et réussir en tout s'il prend soin d'utiliser sa puissance à bon escient.
- 😉 Développe ta foi dans l'univers, qui t'enverra ce dont tu as besoin pour exprimer ton potentiel.
- 🤔 Si tu souhaites lancer un projet, tu dois revenir à ta stratégie comportementale de réponse et créer les conditions de la demande.

Tu es un générateur-manifesteur

L'hybride à deux vitesses

Une aura de générateur qui t'oblige
à lire le chapitre précédent.

C'est important de le savoir :
tu es un générateur.

La famille des générateurs couvre plus de 70 % de la population, qui se partage à peu près moite-moite entre les générateurs purs et les générateurs-manifesteurs (qu'on va appeler GM, parce que bon…).

C'est quoi la différence ?

Tu peux parfois constater un échange impossible avec une personne, cela signifie que ton aura ne vibre pas. Si ton aura n'est pas vibrante, ça va se voir.

N'essaie même pas de faire semblant.

C'est une petite conséquence de ton suffixe manifesteur qui peut rendre ton aura plus dense et plus excluante que celle des générateurs purs.

L'aura hybride et la stratégie du générateur

On dit que l'aura du GM fonctionne à deux vitesses.

Il est clairement de la famille des générateurs (la stratégie de la réponse) et son centre sacral est activé. Il a toutes les caractéristiques des générateurs et peut donc adopter la stratégie du générateur. Avec une petite nuance.

Ce truc qui fait d'un manifesteur un manifesteur : la gorge est reliée à un centre moteur, ce qui lui confère la même rapidité d'action.

MAIS ATTENTION : seulement après la fameuse réponse du sacral (si c'est avant, t'es manifesteur).

C'est là que ça se complique.

Attendre que les choses se manifestent dans ta réalité extérieure et te confirment la direction à prendre, c'est très difficile pour le GM impatient.

C'est comme si tu avais un manifesteur dans un corps de générateur.

NOTE : en anglais, on dit « *Manifesting Generator* », ce qui signifie « le générateur qui manifeste ». À mes yeux, c'est déjà plus clair que générateur-manifesteur ou pire, comme on peut l'entendre parfois « manifesteur-générateur » (qui est une hérésie car le GM n'est PAS un manifesteur, il n'en a que les attributs).

C'est le type énergétique qui a le plus grand potentiel, car il cumule la puissance de la réponse et l'énergie inépuisable du générateur avec l'impact du manifesteur... et pourtant, c'est peut-être aussi celui qui est le plus à côté de ses pompes...

Il est important pour le GM d'être patient, et c'est probablement l'exercice le plus difficile pour lui.

Car même si son appartenance à la famille des générateurs l'oblige à agir en réponse aux sollicitations du monde extérieur, une fois que c'est le cas, son aura enclenche la deuxième vitesse et il va alors adopter un comportement de manifesteur.

Et s'il essaie d'initier sans y avoir été invité, il va comme tout bon générateur épuiser ses forces et risquer le pétage de plombs.

Quand tu sais que 70 % de la population est là pour attendre et répondre après le passage du *check-point* sacral, tu comprends pourquoi tant de gens sont insatisfaits dans le monde.

Depuis qu'ils sont petits, on leur dit de provoquer leur chance, on leur dit de faire des choses, de mériter, de mettre en place, de prévoir, de stratégifier (personne t'a dit d'inventer des mots non plus) et puis un jour, un livre sorti des étoiles et dicté par une voix leur annonce qu'ils sont les chevilles ouvrières du progrès de nos sociétés, disposant de vastes ressources énergétiques infinies leur permettant d'accomplir énormément.

Surtout le GM, avec ses atouts de manifesteur, cette énergie impulsive et puissante qu'il ne peut exprimer en initiant.

Le moment de vérité

La différence fondamentale entre le générateur, le manifesteur et l'hybride GM qui nous concerne se trouve dans ce moment de vérité situé entre la réponse instinctive et le passage réel à l'action.

Il y a un intervalle dans lequel il faut goûter à l'action.

Le GM à qui on propose une activité peut décider et changer d'avis à peine la porte passée, si ce n'est pas en résonance.

Compulsion d'agir,
sagesse d'attendre...

Parfois, la réponse instinctive arrive avec une sollicitation subtile. Extérieure mais subtile. Si le GM la capte et que son sacral vibre, il pourra agir et parfois ça peut donner l'impression d'avoir initié. Mais rien du tout en vrai. Il aura répondu. Il faut écouter le monde extérieur plus que son ego, si tu veux mon avis. Tout le secret est là et c'est un grand défi du GM.

Là où le manifesteur peut se concentrer sur lui-même et le générateur peut se concentrer sur le monde, le GM doit faire des allers-retours incessants.

Au travail, il sera sans cesse partagé entre une capacité à mettre en œuvre de grosses quantités d'énergie et une envie d'explorer de nouveaux territoires.

Tu as un grand besoin
de liberté et de flexibilité.

À la fois bourreau de travail et pionnier, le GM est capable de tout s'il est en accord avec son Design.

Ce moment situé entre la réponse du sacral et l'action est donc important : confirmation ou rejet. Mais quand c'est très clair et que l'évidence s'installe, il s'élance et sera exceptionnel.

Relis cette phrase : il sera exceptionnel !

Le générateur-manifesteur qui ne répond pas à son impulsion court le risque d'être très occupé à ne rien faire. Et parce que les générateurs-manifesteurs sont si rapides quand ils répondent, ils ont tendance à sauter des étapes importantes et doivent souvent revenir en arrière pour corriger.

Ton plus grand défi, si tu ne suis pas ta stratégie, est de devenir non seulement frustré·e comme un générateur mais aussi en colère comme un manifesteur. Il est très important pour toi de ne pas initier.

Mon conseil : aie confiance et goûte à l'action. C'est dans l'action que tu trouveras les réponses.

EN RÉSUMÉ

✦ Ta stratégie est donc un peu plus compliquée que celle des autres (évidemment), puisque tu cumules les attributs de deux types. ✦

✦ Elle est donc la suivante : ATTENDRE puis ESSAYER puis RÉPONDRE, puis éventuellement informer puis AGIR. Allez, bonne chance ! ✦

✦ Comme tout bon générateur, tu disposes d'une réserve d'énergie presque inépuisable. ✦

✦ Si tu hésites, demande à quelqu'un de te poser des questions fermées et écoute les sons qui te viennent : je dirais que « euh hu » est plus positif que « hun hun », mais après tout ça dépend de ton usage des onomatopées. ✦

✦ Ta réaction au non-soi est la frustration, mais aussi la colère. ✦

✦ Ta quête est donc la satisfaction, et celle-ci t'apporte la paix. ✦

✦ Les générateurs-manifesteurs ont la capacité d'évoluer rapidement dans l'action et de passer rapidement d'une chose à l'autre, grâce à leur capacité de manifestation. ✦

Avoir confiance en la vie plutôt qu'en soi

Ami lecteur, je suis GM moi-même, et je peux te garantir que ma rencontre avec le Design Humain n'a pas été un coup de foudre.

Va savoir pourquoi mon cerveau est directement allé chercher du côté manif de la force.

Tu m'étonnes : le seul type qui peut initier ça te pose une définition là, comme ça.

Je voulais être manifesteur, moi !

Le Design m'a répondu : « Tu peux pas parce que t'es générateur et t'as une aura de générateur ouverte et accueillante. » (Je sens que c'est pas pour moi ce délire.)

Pourquoi elle fait ça, mon aura ? Qu'est-ce que j'ai fait, moi ? Et si j'ai pas envie d'être ouverte et accueillante ? Ou enveloppante ou je sais pas quoi, t'façon ça me saoule.

(C'est à peu près de cette manière que je commence toutes mes aventures.)

Ce que je ne savais pas encore, c'est à quel point cette découverte allait changer ma vie et surtout la rendre plus douce et plus facile !

Pour ma part, le jour où j'ai commencé à essayer de cesser de prendre des décisions avec mon mental, ma vie a changé. Elle est devenue beaucoup moins compliquée.

Que se passe-t-il si un GM décide d'agir comme un manifesteur ?

Exemple : tu te lèves avec une idée ; t'as envie de la mettre en route, t'as rencontré une personne qui te semblait la bonne personne pour un projet. Tu ne prends pas le temps d'écouter ta réponse sacrale, tu prends les devants et tu démarres ton projet.

Pour moi, la réponse est simple.

Ce qui fait un manifesteur, tu l'as. Tu peux donc être un manifesteur.

Mais tu crois que ton sacral va rester dans un coin en disant : « OK, puisqu'on n'a pas besoin de moi, je me rendors » ?

Que nenni l'ami, ton sacral va te séquestrer et te faire aller beaucoup plus loin que n'importe quel manifesteur. Et même si, comme lui, tu informes à qui mieux mieux, l'univers il sait que tu *bullshit*, donc tu vas générer des obstacles, des situations compliquées, des tas de trucs que ton sacral surpuissant va attirer à toi pour te dire : « Holà, je te dérange ? ! »

Et tu vas t'épuiser.

Et ça peut mal finir.

Et après coup, tu te diras qu'en fait tu le sentais, depuis presque le début. Disons un peu après le début, t'as commencé à te dire : « Oh bordel, ça va pas le faire. »

Pas de regrets. Recharge-toi et prends la leçon.

LE SAVAIS-TU ?

Est-ce que le GM doit informer ?

ATTENTION avec ça. T'es chef de chantier, pas maître d'ouvrage. Tu peux changer de méthode pour creuser la piscine ou je sais pas quoi, mais tu ne peux pas décider de mettre un patio à la place de la véranda ; alors tu calmes ta joie et tu te contentes de communiquer avec ton entourage, ça ne devrait pas être compliqué.

Comment assumer les changements d'avis permanents ?

Informer du fait que tu peux changer d'avis (aaah ouais, informer comme ça, en fait). Désormais ma phrase préférée est : « Je sais pas, faut essayer d'abord. »

¿ Te hablo sacralito ?

En réalité ça dépend pas de lui mais de ta gorge, déjà d'une. Ensuite ça peut changer. Le sacral est un moteur qui s'allume et alimente ta force vitale.

Ce qui est sûr

- Si quand t'as envie de faire un truc, genre même la perspective de passer la journée avec Jason Momoa n'est pas aussi excitante,
- si quand t'en parles, t'as le fondement qui frétille et les larmes aux yeux ou tu fais des bruits bizarres,
- si tu sens que ton énergie monte et que tu pourrais ne jamais t'arrêter,
- tu seras un générateur dont le sacral a dit oui, mon fils.

Qu'on se le dise

Tu es la cheville ouvrière de ce monde, mais tu fais partie des chefs de chantier !

Tes grandes idées et tes concepts ne peuvent s'exprimer efficacement qu'après que ton sacral a donné le *go*.

- Si tu cherches à initier, tu seras frustré·e.
- Si tu cherches à aller au bout lorsque ça ne résonne plus, tu seras frustré·e.
- Si tu n'écoutes pas ta réponse intérieure, tu seras frustré·e.
- Tu dois apprendre à attendre pour éviter d'être frustré·e (ouais, c'est lourd).

Cette frustration peut comme pour le manifesteur s'exprimer de différentes manières : sentiment d'échec et d'abandon. Ras-le-bol, fatigue intense, colère contre l'autre ou contre soi-même, rejet, rébellion.

Toi aussi, comme un manifesteur, tu n'aimes pas déléguer car les gens ne vont pas toujours aussi vite que toi. Toi aussi, comme un manifesteur, tu n'aimes pas qu'on te dise quoi ou comment faire. C'est le moment d'utiliser ta gorge motorisée pour informer, tel un manifesteur : merci mais non merci !

Le générateur-manifesteur qui s'ignore est souvent amené à penser qu'il n'est pas persévérant, qu'il papillonne ou passe son temps à changer d'avis. On lui dit qu'il doit se focaliser sur un projet à la fois mais ATTENTION, sa capacité à mener de front et jusqu'au bout de nombreux projets en parallèle, c'est probablement sa plus grande différence avec le générateur pur.

Il est persévérant et versatile à la fois. Il faut juste s'assurer que le sacral soit toujours OK.

Un enfant GM peut facilement avoir l'air hyperactif et inconstant. Il est le client parfait des journées portes ouvertes et des centres multiactivités. Mais une fois qu'il a trouvé son truc, il ne lâchera rien.

ATTENDS ton moment de vérité.	**ACCEPTE** tes revirements pendant l'action.	**INFORME** si tu veux, mais avant tout : VIBRE !

You got this !

Mon petit avis sur la question

Pour résumer, en réalité, il y a quatre types, pas cinq. En tout cas, c'est ainsi que le voyait Ra Uru Hu. Mais le type générateur avec son cousin GM demande une explication double.

Soixante-dix pour cent de la population quand même, ça vaut le coup de s'y attarder.

Alors prenons un instant pour résumer la famille générateur.

À ma droite : les G purs. Leur stratégie en trois étapes est assez simple :

- Attendre les sollicitations (des gens mais aussi de l'univers) ; par exemple, identifier un besoin et vibrer d'envie d'y répondre, c'est OK.
- Demander à son sacral.
- Si c'est oui : en voiture Simone. Attache ta ceinture, on part à l'aventure.

Leur vie se résume à ça :

- Si c'est oui, satisfaction garantie !
- Si c'est non, frustration.

À ma gauche, il y a les GM. Pour eux c'est plus compliqué. Menacés par le côté manifesteur de la force, ils peuvent mettre plus de temps à apprivoiser leur réponse sacrale.

- Envie d'initier des trucs tout le temps.
- Se lève en criant « CHUICHO » pour un oui ou pour un non.
- Change d'avis sans arrêt parce que tu comprends, le sacral il a besoin de goûter un peu à l'action pour voir si… pis en fait non.

En plus, le côté manifesteur dépend aussi des connexions de la gorge. Si elle est reliée au cœur, aux émotions ou directement au sacral. Ce qui fait des GM purs (ENCORE une nuance !).

L'expérimentation est permanente.

Mais la puissance est démoniaque.

Tu es un projecteur

Une énergie à focaliser

Une aura de projecteur absorbante et focalisée

Aaaah, le projecteur !

Tout un poème...

A priori, on dirait le type fourre-tout.

- T'as pas de sacral ?
- T'as pas la gorge connectée à un moteur ?
- T'as pas tous les centres blancs ?

Par défaut, t'es projo.

Et du coup on va te coller pleeeein d'autorités possibles parce que c'est drôle.

Alors t'as le projo qu'a plein de centres blancs. Le super-guide. Le coach par excellence.

Pis le projo qu'a plein de centres définis et c'est pas du tout la même chose.

Alors bien sûr, vous avez tous la même aura absorbante et focalisée et la même stratégie.

Ton aura est centrée vers l'autre, pénétrante et éclairante.

Une aura qu'on peut résumer par « comme son nom l'indique ». Elle met de la lumière pour faire apparaître le bon et le mauvais.

Les projecteurs représentent environ 20 % de la population mondiale.

C'est un type non énergétique. Cela ne veut pas dire que ce sont des loukoums, mais qu'ils ne produisent pas une énergie qui leur est propre. Ils n'ont ni le sacral défini ni un moteur connecté à la gorge.

Une énergie limitée mais absorbante

Cela signifie que l'accès à l'énergie vitale peut être un défi pour le projecteur, qui a besoin de celle des générateurs. Il doit juste faire très attention à focaliser cette énergie sans se perdre. C'est son plus gros risque, car son énergie n'est pas autorenouvelable comme l'autre dynamo de générateur.

Le potentiel du projecteur, sa mission de vie idéale, est d'accompagner, de guider, d'éclairer la route pour les autres, mais pas tous les autres : uniquement les manifesteurs et les générateurs (les réflecteurs, c'est encore un autre délire).

Le talent d'un projecteur en action consiste à s'intéresser davantage et sincèrement plus aux autres qu'à lui-même pour les aider à réaliser leur potentiel et à s'épanouir.

La stratégie de l'invitation

La stratégie comportementale du projecteur est fondée sur l'invitation et se nourrit de reconnaissance.

Et sa quête ultime est le **succès**.

La différence essentielle avec un générateur, par exemple, c'est que la réponse sacrale du générateur peut intervenir sur une sollicitation de son environnement, d'une action, d'une constatation... pas forcément d'une demande extérieure classique. En revanche, le projecteur, lui, ne peut agir que s'il y a été dûment invité.

Il faut que tu sois invité·e par une PERSONNE (humaine si possible).

On n'a pas dit forcément le bristol. Un clin d'œil suffit. Un appel à l'aide silencieux. Un coup de coude.

Bien sûr, tu as le droit de ne pas me croire, tu peux faire ce que tu veux, même te lever le matin et décider de lancer une idée comme ça. Tu peux prendre la parole au milieu d'un dîner sans y avoir été invité·e. Et quand tu auras constaté ton potentiel Casper le fantôme, tu viendras relire ces lignes.

Normalement, le projecteur est fait pour rester contemplatif et construire sa sagesse en tranquillité, en attendant l'invitation qui va le mettre en route. Seulement après, il va aller utiliser son talent pour mettre des paillettes dans la vie des gens.

Attendre est donc une bonne idée.

Si le projecteur accepte de se soumettre à la loi de l'univers et d'attendre son invitation, il devient lui-même l'objet de toutes les attentions. Il devient magnétique.

Son défi va donc être d'être très sûr de son rôle à jouer et d'affûter ses armes au calme en attendant son petit bristol.

Une énergie à préserver

La réponse au non-soi du projecteur est **l'amertume**.

Que se passe-t-il quand un projecteur essaie d'initier ? Prenons une conversation, par exemple. Il décide de prendre la parole sans que personne ait songé à lui demander son avis.

Il va être mal compris ou carrément ignoré.

Et ça va nuire à son estime de soi et le rendre amer.

Là où un générateur en non-soi va réagir par la colère ou la frustration, le projecteur va se flétrir, car il n'obtient pas ce dont il a le plus besoin : l'invitation des autres et leur reconnaissance.

Dans un contexte valorisant, le projecteur peut vraiment se révéler leader. Sa capacité à faire briller les autres en fait un manager hors pair, sa compétence pour mettre la lumière où il faut peut même faire de lui le conseiller des grands de ce monde.

Son énergie limitée mais absorbante fait du projecteur le meilleur pour monter une équipe, sachant exactement comment utiliser l'énergie de chacun à bon escient. Et cette qualité s'exprime dans beaucoup d'aspects de la vie, toujours selon le même schéma.

Identifier 👉 Absorber 👉 Focaliser.

⚠ ATTENTION

Quand on dit que le projecteur (comme le manifesteur) n'a pas de sacral, on dit en réalité que son centre sacral n'est pas activé. En revanche, dans l'aura, le projecteur peut se transformer en « super-générateur », surtout s'il y a été invité, mais attention à savoir s'arrêter car cette énergie n'est pas autorenouvelable. Il va falloir s'isoler et se refermer sur soi pour recharger ses batteries. Parfois ce sera au contact des autres, mais cela se fera lentement.

EN RÉSUMÉ

✦ Donc un projecteur, ça fait quoi ? Ça met la lumière, bravo, bien joué, je vois qu'il y en a qui suivent. ✦

✦ Et le projo, il aime quoi ? La reconnaissance. Exactement. ✦

✦ La reconnaissance vaut même invitation dans certains cas. Genre si t'as une communauté ou si t'es instagrammeur·euse. ✦

✦ Un projecteur qui ne respecte pas sa stratégie peut rapidement consumer son corps et ses émotions. ✦

✦ Tu as besoin de l'énergie des autres, de la guider et de l'éclairer. ✦

✦ Tu n'es jamais aussi efficace que lorsque tu es invité·e et reconnu·e. ✦

✦ La notion d'estime de soi est donc très présente. ✦

✦ Les projecteurs ont une sagesse innée pour les besoins des autres et un gros besoin d'utiliser cette sagesse pour faire du monde un meilleur endroit ou pour soulager douleur et souffrance. ✦

✦ Ta réaction au non-soi est l'amertume. ✦

✦ Un projecteur soumis aux horaires de travail 9 heures - 18 heures abandonne à 40 ans. Burn-out assuré. ✦

L'amertume est le pire ennemi de l'invitation !

Un projecteur dans son non-soi va entretenir ce non-soi en obtenant exactement l'inverse de ce dont il a le plus besoin.

J'appelle ça l'effet « chou de Bruxelles ».

Si tu aimes les choux de Bruxelles, ne lis pas ce passage.

En gros, ça dit qu'un projecteur qui initie et qui n'attend pas l'invitation et ne reçoit pas la reconnaissance qui lui est due va expérimenter de l'amertume. Or, comme il est projecteur, il va la projeter, cette amertume. À l'intérieur et à l'extérieur. Autrement dit, ça va se voir. Et cette aura absorbante va devenir effrayante, indigente, flippante, voire collante. Une énergie de manque qui va se faire repousser, même par un générateur englobant (les M et les GM, on n'en parle pas, ils sont déjà loin). Résultat : il va être encore plus amer et encore moins attirant, etc.

Comme un chou de Bruxelles donc.

Needy is ugly

La solution est de se retirer au loin sur une île (bon, disons dans sa chambre) seul·e pour se recharger en énergie afin d'aborder la vie avec une confiance renouvelée et attendre l'invitation qui ne manquera pas d'arriver. Crois-y (Nicole).

Tes mots-clés sont reconnaissance et intégration. Tu as la capacité d'entrer dans n'importe quel moule. À toi de ne plus en douter, afin de réussir sans essayer.

Il faut vivre de manière décontractée et légère, assuré·e de ta place dans ce monde. Tu sais que dès l'instant où tu recevras l'invitation... attendue... *Sky is the limit* (et encore).

Si tu vis dans ton Design, tu feras mieux que t'intégrer, tu vas sortir du lot naturellement et sans effort, simplement, car en faisant ainsi tu vas débloquer ton côté magnétique. Et alors ce sera à toi de faire le tri.

Si tu forces et cherches à créer des connexions, tu prends le risque d'en faire trop et d'obtenir l'effet inverse.

ATTENTION toutefois aux fausses invitations à base de flagorneries excessives. Si une flatterie ne résonne pas, refuse-la. Tu n'es pas nourri·e par l'ego mais l'appréciation, donc ce sont tes compétences et qualités authentiques que tu veux voir récompensées.

À quoi c'est dû, tout ça ?

Naturellement, les auras sont faites pour se connecter les unes aux autres.

Ce que dit le Design, c'est que nous ne devrions plus rien décider en réalité, nous devrions laisser vivre notre corps et ses réponses naturelles, tant sur la nourriture que sur le rythme de vie et les relations.

Le manifesteur n'attire pas, il envoie, car ce qui fait un manifesteur, c'est le moteur connecté à la gorge.

Le générateur attire naturellement des situations, personnes ou projets qui vont avoir pour but d'activer son sacral pour mettre sa puissance en service, car ce qui fait un générateur, c'est le sacral.

Ce sont deux énergies puissantes qui vont formater l'univers autour d'elles et guider la manière dont nous nous connectons aux autres.

Le projecteur ne dispose pas de ces énergies quelque peu directives. Son aura va chercher à absorber l'information dans l'aura de l'autre pour la focaliser de la manière la plus juste.

LE SAVAIS-TU ?

Il se dit qu'à l'origine n'étaient que les manifesteurs et les générateurs.

(Je sais pas, j'y étais pas.)

Le monde avait encore besoin d'être bâti, alors on avait besoin de bâtisseurs.

Et puis on a découvert le dev' perso, le *miracle morning* et le thé matcha, et tout a changé.

Les manifesteurs ont compris qu'ils étaient là pour avoir des idées, les générateurs pour les mettre en route, et ils ont donc invité les projecteurs à venir les guider et à faire les régisseurs dans tout ce bazar.

Mais le projecteur, s'il est si fort, c'est parce qu'il est capable d'imiter tous les autres types.

C'est grâce à ses centres ouverts et de leur aura absorbante. Les projecteurs font très bien le manifesteur, le générateur et l'accent québécois (il paraît).

Le problème, c'est qu'ils prennent le risque de se perdre dans le *process*.

C'est ainsi qu'on retrouva des projecteurs en Amazonie ponctuer toutes leurs phrases de « caribou » et de « tabernacle ».

Qu'on se le dise

Le projecteur ne se contente pas d'absorber l'énergie des autres, il l'amplifie. Ce qui signifie que, pris dans ce tourbillon d'énergie, il a vite fait de se croire invulnérable et de s'épuiser.

Il faut savoir s'écouter et surtout se libérer de l'énergie des autres.

Quelques astuces pour entretenir ton petit projecteur interne :

- Regarde toujours ton niveau de batterie. S'il approche du bout, il faut planifier le repos avant de le dépasser.
- Tous les soirs avant de dormir, pense à décharger le trop-plein que tu as pu attraper des autres. Marcher pieds nus, s'asseoir près d'un arbre, méditer, mettre la tête en bas, écouter de la musique, boire un gin tonic ou fumer quelque chose… *whatever*…

Mon petit avis sur la question

😌 Apprécie les pauses et ton statut de spectateur·rice. Assieds-toi confortablement sur la chaise de la vie, développe ta sagesse pour ensuite la transmettre à ceux qui le demandent.

😎 Tu as le profil des coachs, des dirigeants, des leaders et des guides, car la plupart des gens ne savent pas quoi faire de leur énergie.

Tu dois :

😅 Comprendre que si on ne t'invite pas, c'est qu'on n'a pas besoin de toi, cela peut changer ta vie et soulager ton ego.

😴 Honorer ton besoin de repos et de régénération.

Tu es un réflecteur

Le secret :
observer
sans s'identifier.

Une aura de réflecteur échantillonnante

Échantillonner, ça veut dire mettre en morceaux. Alors non, ça ne fait pas de toi un·e tueur·euse à la machette, c'est juste une aura résistante, capable de « lire » les autres en découpant pour mieux observer sans absorber la fréquence.

Les réflecteurs représentent 1 % de la population mondiale.

La caractéristique du type réflecteur, au contraire des autres, n'est pas sa stratégie comportementale mais justement cet aspect de son aura. Elle n'est pas absorbante comme celle d'un générateur car elle ne crée pas de transformation. Elle reflète.

Tu connais le miroir du Riséd dans *Harry Potter* ? Il te montre ton plus grand désir. En tant que réflecteur, tu fais le même effet sauf que tu montres aux gens leur vérité. Leur essence.

Savoir qu'on est en face d'un réflecteur est toujours une expérience fascinante. Comme être devant un tout petit enfant, car eux seuls ont cette capacité à te parodier de manière fine.

Ton non-soi est la déception.
Ta quête et ta signature sont la surprise.

La stratégie de la non-stratégie

Nous, pauvres mortel·le·s avec des centres définis, nous savons que nos centres blancs sont aussi notre fragilité, l'une des principales sources de non-soi. Nous savons qu'ils sont aussi la source de superpouvoirs, mais ça demande un petit travail de déconditionnement. C'est probablement pour cette raison que nous avons tant de mal à comprendre les réflecteurs.

Pour eux, ce n'est pas du tout la même chose.

Ce qu'il faut savoir déjà, c'est que l'aura du réflecteur est plus proche de celle du manifesteur que de celle des autres types. Elle sait garder une distance saine avec les autres auras. Son rôle n'est pas d'englober ou d'absorber l'énergie de l'autre, mais simplement d'y goûter.

Alors cette aura échantillonnante va simplement tâter du doigt son interlocuteur·rice pour en goûter un petit morceau, ça lui suffit pour savoir tout ce qu'il y a à savoir.

Ce détail fait toute la différence pour le réflecteur. Il est naturellement moins soumis au conditionnement. Ce qui n'exclut pas le non-soi, bien entendu.

Moi qui suis générateur-manifesteur avec 90 % de mes centres définis, je me suis demandé ce que ça pouvait bien donner, en vrai, un réflecteur. Quelqu'un qui n'a pas de volonté propre, de direction de vie stable et fixe, quelqu'un qui peut facilement se perdre, se fondre dans l'autre, dans les autres ?

En réalité, ça peut arriver. Mais ça peut aussi être tout l'inverse.

Le réflecteur n'a pas une stratégie comportementale aussi marquée que les autres types.

Parce que la stratégie est guidée par les centres définis, et que le réflecteur n'en a pas. Tous ses centres sont blancs.

Inutile d'attendre une réponse du sacral qui n'arrivera pas.

Initier ? Tu n'y penses même pas...

Goûter à l'action ne t'apportera rien.

Attendre l'invitation est en revanche une idée. Car c'est la stratégie du projecteur qui finalement va convenir à tes centres blancs.

Mais ta véritable stratégie est de suivre le mouvement naturel des planètes et surtout de la Lune. On reviendra sur cette idée dans le chapitre sur les autorités.

Suivre le *flow* et se faire confiance est ta stratégie.

« Et moi dans tout ça ? »

Le réflecteur est très sensible au monde qui l'entoure. Plus que n'importe quel autre type, il est susceptible de subir le conditionnement, mais s'il arrive à vivre selon son type, il est celui qui a le plus de superpouvoirs.

D'un côté, le réflecteur est perméable et empathique, sensible et vulnérable…

D'un autre côté, c'est celui qui a la capacité de « voir » l'autre avec la plus grande sagacité.

Et c'est bien connu,
le sagace agace et s'agace.

Pour l'autre, cela peut être une épreuve d'être ainsi reflété·e, pour toi, cela peut énormément t'agacer de voir les gens se mentir, s'appesantir et s'apitoyer.

En face, la réaction est souvent extrême : soit ils rejettent, soit ils en redemandent. S'ils en redemandent, ils vont alors avoir tendance à se décharger sur toi et à attendre quelque chose.

C'est toute la puissance du réflecteur, mais c'est aussi sa faiblesse. À refléter ainsi le monde qui t'entoure, il peut t'arriver de te demander qui tu es, toi.

Si tu cèdes à la peur d'être invisible ou laissé·e de côté, ton mental va commencer à céder aux comportements typiques du non-soi : attirer l'attention, essayer de résoudre des problèmes, etc. Écrasé·e par les attentes projetées sur toi par les autres, tu vas vite te décourager, ressentir la déception et te sentir délaissé·e.

Il vaut mieux être un peu seul·e que beaucoup délaissé·e.

C'est aussi simple que ça. Lorsque tu es seul·e, tu es neutre. Tu te retrouves toi-même dans ton unicité. Car oui, rassure-toi, tu ES unique. Ton Design ne s'arrête pas à ton type et à ton autorité.

Tu es une personne de grande qualité et dotée d'une sagesse recherchée.

NORMALEMENT, un réflecteur qui découvre son Design démarre son déconditionnement immédiatement. Le simple fait de savoir comment il fonctionne lui permet de moins subir cet assaut d'influences externes et de se placer un peu plus en observateur.

Tu peux devenir la personne ultime.

Celle qui a toujours la bonne idée, la bonne parole pour la bonne personne.

EN RÉSUMÉ

✦ Tu es un type d'être humain très rare. ✦

✦ Tous tes centres sont blancs, ce qui te rend sensible et vulnérable à ton environnement. ✦

✦ Mais avec beaucoup de recul, tu es le guide et la sagesse ultimes. ✦

✦ Tu es sensible aux transits planétaires. ✦

✦ Tu as besoin d'être seul·e. ✦

✦ Tu reflètes la vérité et l'essence de l'autre. ✦

✦ Ton non-soi est la déception. ✦

✦ Ta signature est la surprise. ✦

✦ Ton plus grand défi va donc être de te trouver toi-même dans le *flow* des influences du monde qui t'entoure. ✦

✦ Ne pas mettre de pression : ni sur le conditionnement des centres définis, ni sur ta capacité à refléter l'autre pour l'aider à guérir. ✦

✦ Faire ce que tu veux quand tu veux est un défi. Tu dois trouver tes propres stimuli. ✦

Le miroir du monde

La façon inhabituelle dont le réflecteur traite et ressent l'énergie est très différente de celle des autres types, il est extraordinaire à bien des égards.

Le réflecteur appartient à un groupe à part et son point de vue est totalement unique, sa présence aurique est discrète et non imposante, pourtant son rôle est extraordinaire.

Il est en harmonie avec les mouvements cosmiques.

Il a le pouvoir de dynamiser et soulever l'énergie des autres grâce à sa capacité à amplifier et à refléter chez les gens leur propre énergie. Cette aptitude unique permet, sans jugement, de faire vivre une élévation de conscience aux autres grâce à ce qu'ils ou elles perçoivent.

Dans un groupe, il est l'animateur parfait.

ATTENTION, être rare, sensible et empathique ne fait pas de lui un ange.

Sa capacité à refléter l'autre peut lui faire perdre toute compassion.

« Ils me font tous chier avec leur drama. »

D'où l'importance pour le réflecteur de prendre soin de refléter et non d'absorber. Pour cela, il n'a qu'à y mettre de la conscience. S'isoler quand il en a besoin et choisir ses moments.

Symboliquement, les réflecteurs ne sont pas faits pour vivre dans le vrai monde. Bosser de 9 heures à 18 heures les mène à coup sûr au burn-out. Supporter la pression et le conditionnement permanent est un calvaire. Mais ils ne sont pas pour autant des personnes éthérées vivant dans un monastère. Il y a un juste milieu à trouver.

Déception *versus* surprise

C'est aussi dans la force de cet effet miroir que vont s'exprimer le non-soi et la signature du réflecteur. Là où le manifesteur va manifester de la colère, le générateur générer de la frustration, le projecteur projeter de l'amertume, le réflecteur va simplement refléter la déception. Mis·e en face des résistances du monde, le découragement arrive et tu perds ta place au sein du groupe. Tu te sens exclu·e et un peu perdu·e.

Il te faudra d'abord t'isoler pour retrouver l'émerveillement permanent que vit un réflecteur lorsqu'il est aligné.

Plus que tout autre, tu dois éviter de te conformer aux pressions de la société. Tu peux faire preuve de sagesse par rapport au processus et simplement rester ouvert·e à ce qui se passe. Ton entourage est essentiel à ton bonheur. Dans un milieu malsain, tu vas vite tomber malade ou dans le non-soi.

LE SAVAIS-TU ?

L'autre mot pour refléter, c'est RÉFLÉCHIR.

Les réflecteurs sont sur Terre pour réfléchir et apporter au monde leur sagesse. Leur compréhension intime de l'humain.

Les réflecteurs attirent de façon naturelle les autres vers eux.

On les appelle les oracles.

Les réflecteurs ne supportent pas la pollution, sonore ou visuelle, ça les empêche de réfléchir et donc d'être. Parce que finalement, comme tout oracle, le réflecteur ne peut que refléter les éléments en présence, et surtout la lumière. Or le bruit impose un élément en plus.

Ne pas confondre réfléchir et ruminer. Penser à la même chose en boucle n'est pas refléter, mais mâcher.

Tu peux par exemple regarder les transits et t'intéresser au mouvement des planètes afin d'observer ton Design qui change et tes centres qui se définissent pour t'aider au quotidien.

Qu'on se le dise

Tout comme le projecteur, le réflecteur en non-soi va entretenir un sentiment d'invisibilité inconfortable.

Un réflecteur qui suit son Design et évite de céder à la pression de la « société » est protégé par son aura, qui soudain va l'empêcher d'absorber pour mieux observer.

C'est comme ça qu'un réflecteur devient le grand sage. Mais comme il faut aussi penser à sa petite personne, sache qu'en restant ouvert·e à ce qui passe dans ta vie, tu vas pouvoir débloquer un pouvoir créateur sans précédent et faire en sorte que ta vie soit juste une succession de *kiffs*.

Grâce à ton amie la Lune, tu as une vie mystique que peu connaissent et tu as accès à des niveaux de sagesse de nature à élever les consciences.

En comprenant cela, tu sauras aussi comment prendre ta place légitime dans la société. Un sujet qui tient à cœur aux réflecteurs.

SUIS
le mouvement
de la vie
sans forcer...

ATTENDS
vingt-huit jours.
Y'a pas le feu
au lac...

LAISSE
le monde
te surprendre
et non te décevoir...

Mon petit avis sur la question

🤩 Le simple fait de découvrir son Design permet à un réflecteur de sortir presque instantanément du conditionnement. C'est très impressionnant et pas systématique, mais vrai. Il te suffit de poser l'intention de te détacher.

🤨 J'ai longtemps pensé que les réflecteurs ne devaient pas vivre dans le monde. Tel·le·s des prêtres ou des prêtresses du temple, ils devaient vivre protégés et entretenus pour nourrir le monde de leur sagesse.

☺️ En réalité, tu peux tout faire. Ta capacité à te connecter aux autres fait de toi un touche-à-tout génial capable de tout en gardant toujours un recul et une sagesse constructifs.

🥰 Mais il faut prendre soin de TOI. Il faut t'écouter, te reposer, te détacher, rester *coooooool* même quand l'appel du conditionnement est un peu fort.

Avec quel organe prends-tu tes décisions ?

ATTENTION, il y a un petit jeu de mots ici. En réalité, nous ne prenons pas nos décisions réellement avec nos organes. On parlera bien entendu du centre énergétique concerné par ta prise de décision. Mais comme tu pourras le constater un peu plus loin dans ta lecture, chaque centre répond à un ou plusieurs membres du corps physique. C'est pourquoi je me suis permis ce petit calembour.

Note aussi que dans le jargon de l'entreprise, on parle d'organe de décision. Le mot organe va donc désigner une partie du tout (un organe du corps remplissant une fonction particulière) ET un ensemble de parties qui vont remplir la même fonction.

On va donc réfléchir en termes de mécanisme. Dans le cas qui nous intéresse, il va donc y avoir un centre particulier qui va régir ton processus décisionnel, mais comme nous tou·te·s, pauvres mortel·le·s, sommes sujet·te·s au conditionnement, nous intégrons dans la réflexion les retours implacables du mental et de l'ego qui vont se croire investis du pouvoir décisionnel.

L'idée ici est de mettre tout le monde d'accord, de récupérer les votes de chacun et de trancher en toute connaissance de cause.

Après tout, tu es le patron de ta propre vie.

Ton autorité est donc la première chose à connaître après ton type.

D'ailleurs, l'autorité dépend directement du type. Tous les types ne peuvent pas avoir toutes les autorités. Tu trouveras un tableau à la fin de ce chapitre.

Les trois cerveaux

Pour te donner quelques éléments de contexte, nous avons, nous les êtres humains, trois « cerveaux » qui fonctionnent ensemble :

- Le rationnel : le cerveau du cerveau, donc.
- Le limbique : le cerveau des émotions.
- Le reptilien : celui de ton corps. C'est celui qui est lié à la survie.

On les appelle aussi des systèmes car ils s'apparentent au système nerveux.

Ces trois systèmes doivent fonctionner de concert dans un idéal fait de yoga matinal et de méditation. Mais dans la vraie vie, on sait bien que ça se passe pas tout à fait comme ça. En revanche, ils sont toujours actifs à s'occuper les uns des autres et à interagir, comme une fratrie.

Quand tu as mal dans ton corps, ton cerveau rationnel va chercher une cause, et ton système limbique va générer une émotion liée, comme la peur. De même, quand tu vas vivre une émotion, les deux autres systèmes vont tâcher de l'encadrer. Le rationnel en créant des théories, et le reptilien en cherchant une manière de survivre.

Le problème, c'est que comme toujours quand ça va mal, le moyen que vont trouver les deux cerveaux pour calmer le troisième va être de prendre une décision. N'importe laquelle. Prendre une décision pour apaiser.

Et ça le fait aussi pour les bonnes décisions ! On va chercher à les faire rester le plus longtemps possible en prenant des décisions qu'on va penser éclairées.

EN RÉALITÉ

Suivre ton autorité intérieure t'apportera bien plus de satisfaction, de succès, de paix et de surprise que tu ne peux encore l'imaginer.

Pour te guider, pense aux décisions que tu as prises dans ta vie, les bonnes et les mauvaises, ou plutôt celles qui ont eu un impact positif et celles qui ont eu un impact négatif, et essaie de retrouver les sensations physiques que tu as éprouvées en prenant cette décision.

Quand la décision est approuvée par l'ensemble des parties.

La hiérarchie des centres et les sept autorités

Tu peux considérer qu'une autorité est toujours liée à un centre.

Il y a un ordre dans lequel si un certain centre est défini, il est TOUJOURS ton autorité.

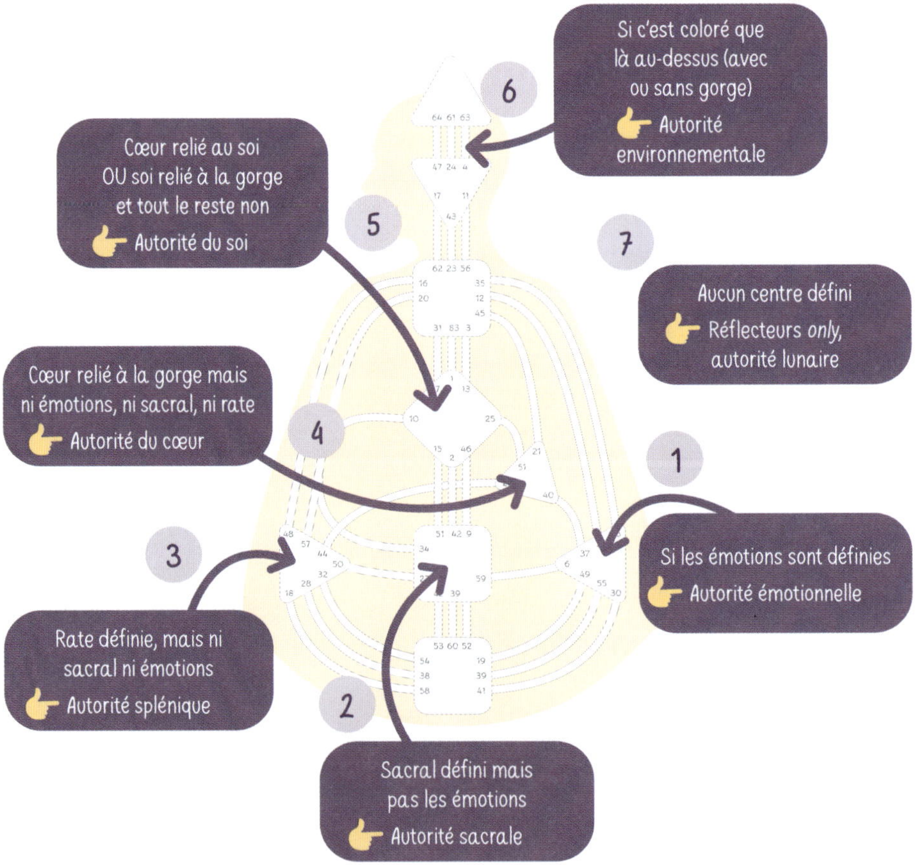

Dans le chapitre sur les centres, tu trouveras des informations plus détaillées qui te guideront dans la compréhension de ton autorité.

Alors voyons maintenant avec quel organe tu prends tes décisions :

- Ton plexus solaire (autorité émotionnelle) ;
- Ton sacral (autorité sacrale) ;
- Ta rate (autorité splénique) ;
- Ton cœur (autorité volontaire) ;
- Ton identité (autorité projetée intérieure) ;
- Ta gorge (autorité projetée extérieure) ;
- Rien (autorité lunaire).

Comme je disais, connaître son autorité est aussi fondamental que de connaître son type.

Chaque autorité répond à un processus et dépend d'un centre défini. Connaître ton autorité pourrait bien changer complètement ta vision des choses. Au début, cela peut être compliqué. Peut-être que tu vas commencer par mettre un éclairage sur certaines décisions du passé avant de t'en remettre à ton processus naturel. C'est un passage inévitable de ton expérimentation. L'important étant d'apprendre à honorer cette autorité qui est la tienne et qui a été faite pour toi.

« Ce que vous pouvez croire pour prendre une décision n'est jamais votre mental », disait Ra Uru Hu à ses étudiant·e·s.

Cela dit, si tu essaies d'utiliser un autre centre pour décider, il y a de fortes chances que ce soit le conditionnement qui s'exprime. Un centre non défini qui se croit défini et va donc adopter les caractéristiques du centre défini en les amplifiant et créer une sorte de comportement erratique et pas naturel du tout.

Ton autorité est émotionnelle

Quand le centre des émotions est défini, ton autorité est toujours émotionnelle.

Cela ne veut pas dire que tu es gouverné·e par tes émotions, mais que tu dois gouverner le bateau qui te permet de les traverser #AnalogieJackSparrow.

En effet, tel un *Black Pearl* sur un océan déchaîné, tu traverses des tempêtes, mais tu dois attendre que l'océan soit redevenu calme pour reprendre le gouvernail.

Cela t'est-il déjà arrivé de t'engager dans quelque chose et, en te réveillant le lendemain, de te demander ce qui t'a pris ? De ne plus être du tout motivé·e ? Tu crois que ces changements d'humeur sont un gros défaut, et que le problème est dans l'humeur, mais non !

Le problème est dans la décision hâtive prise dans un élan de peur, d'espoir ou de joie. Ne jamais prendre une décision sous le coup d'une émotion !

Tu peux reconnaître ces émotions qui surgissent sans t'identifier à elles, et attendre patiemment la clarté qui permettra la décision. Ce processus peut prendre des jours ou des mois, mais le jour où la clarté se fait, une évidence s'installe.

Reconnaître les signes de clarté

Il existe un moment, un espace neutre que Bouddha appelait « la voie du milieu » ou « ni ceci ni cela », que tu peux visualiser comme une onde qui passerait sans arrêt en dessus et en dessous d'un trait. Le moment de vérité se situe lorsque l'onde passe au niveau du trait.

Il existe en toi un espace de paix, et si parfois tu doutes de cela, sache que le simple fait que ton autorité le nécessite prouve que cet espace existe.

ATTENTION : le centre des émotions n'est pas le plus simple à comprendre ni à déconditionner.

C'est ton cerveau limbique qui va envoyer des signaux de détresse aux deux autres en leur demandant de l'aide. La tentation de prendre des décisions va être grande. Au contraire des autres centres décisionnels, le centre des émotions ne te dit pas comment prendre ta décision, mais plutôt comment ne pas la prendre.

À RETENIR

✦ Tu es capable de traverser des vagues émotionnelles fortes sans te noyer. ✦

✦ Le retour à la neutralité apporte la clarté et l'évidence. ✦

✦ Le temps est ton meilleur allié pour trouver la clarté. ✦

✦ Si ton sacral est défini, il peut envoyer des petites impulsions, comme des réponses qui viennent des tripes. Ce sont des informations à prendre en compte, mais certainement pas assez pour engager la décision parce que « t'y crois fort ». C'est une stratégie pour celles et ceux qui ont une autorité sacrale. ✦

✦ L'autorité émotionnelle n'a besoin que de deux choses : la clarté et la neutralité. ✦

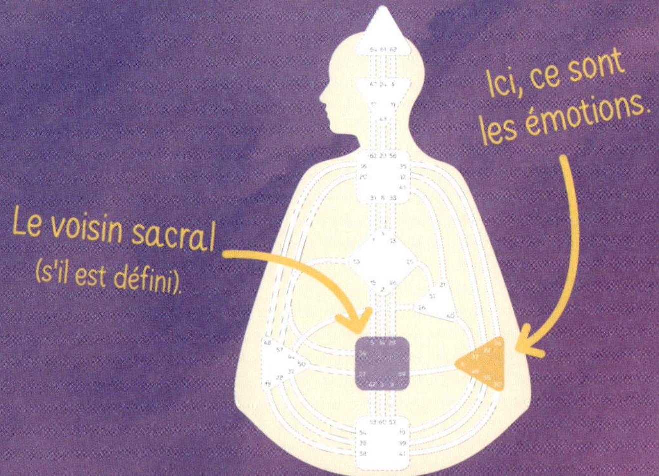

Ton autorité est **sacrale**

Suis ton instinct.

Aaaah, l'autorité sacrale ! Quoi de mieux pour un générateur pour qui le sacral est le diapason ?

Tu vois cette sensation dans le bas-ventre ? C'est le sacral qui te parle. Et même si tu as appris et même si tu t'es consciencieusement appliqué·e toute ta vie à ne pas l'écouter, à te concentrer sur l'intellect, en te disant que c'étaient tes peurs qui parlaient, ce truc a toujours crié plus fort que toi.

À force de répéter que la peur n'est pas bonne conseillère, comment écouter ses tripes sans se tromper ?

Les générateurs qui ont le centre émotionnel défini vont devoir attendre un certain temps pour différencier la réaction instinctive de la réaction émotionnelle.

Dans ton cas, c'est complètement différent car la neutralité émotionnelle est ton pouvoir. Mais attention. Car ton centre non défini peut te tromper. Il peut lui arriver d'imiter en amplifiant le comportement d'un centre défini. Il est donc possible que tu vives une vague qui ne te permet plus de différencier une réaction instinctive d'une réaction émotionnelle. Ne pas être émotionnel·le·s ne fait pas de nous des robots. Tu auras plus d'informations dans l'explication du centre en lui-même.

Ce que tu dois savoir c'est que la réponse est dans le corps, le corps reptilien, pas le corps limbique ni le corps rationnel. Le corps physique.

Ta décision doit venir de l'intérieur de ton corps, telle une vibration presque physique.

La théorie de la queue

C'est quelque chose qui va être pas mal répété dans ce livre, puisque le sacral est à la fois un centre, une autorité et une caractéristique du générateur.

Il est donc primordial de bien comprendre comment il fonctionne pour bien l'utiliser en tant qu'autorité.

Ce que tu dois savoir à ce stade, c'est que le centre sacral est relié à l'énergie vitale. C'est le feu intérieur qui s'allume et te rend increvable quand tu es motivé·e.

En tant que prof de yoga, j'ai eu l'occasion d'étudier des bases d'anatomie pendant une formation spéciale en yoga-thérapie et j'ai conçu une petite théorie là-dessus.

Je ne sais pas si tu le sais, mais comme beaucoup de mammifères, l'être humain avait une queue dans les temps anciens. Une queue qui n'a pas résisté à l'évolution, mais qui était située dans la continuité de la colonne vertébrale, dans le bassin.

C'est donc exactement l'endroit où se situe le sacral.

Imagine donc que, tel un chien tout content qui remue la queue, ton sacral se met à vibrer, créant en toi une résonance dans tes tripes : c'est un peu le principe de la réponse sacrale.

Et là tu notes que j'ai parlé de « réponse » sacrale.

En effet, ce centre est fait pour répondre, il ne va jamais se réveiller tout seul sans raison en plein milieu du jour ou de la nuit. Il faut qu'il soit sollicité. Et c'est là que tu comprends la stratégie comportementale du générateur qui lui dit de ne pas initier. Ça ne lui dit pas de ne rien faire tant qu'on ne lui a pas demandé, mais plutôt, quelle que soit son idée, son envie ou son impulsion, d'attendre la réponse du sacral.

À RETENIR

✦ Le sacral n'est pas proactif mais réactif. Ton autorité est faite pour attendre une réponse à une sollicitation extérieure. ✦

✦ Cette réponse vient du bas-ventre. ✦

✦ Les sons sont importants, même si la nuance entre le « hmmm (ou le han) » positif et le « hum » négatif est encore un peu floue. ✦

✦ Aucune réaction est aussi une réponse : aucun intérêt. ✦

✦ Une fois engagé·e, rien ne peut t'arrêter. ✦

Ton autorité est splénique

La première
décision
est toujours
la bonne.

C'est une autorité partagée par les projecteurs et les manifesteurs *only*.

L'autorité splénique est reliée au centre de la rate, qui gère la survie et les sens. La rate est ton mécanisme de survie instinctif. La prise de décision chez toi est comme un instinct de survie : immédiate.

Tu peux prendre une décision qui va changer ta vie en une fraction de seconde.

Ce qui n'exclut pas l'hésitation, mais une fois que tu auras bien tergiversé, tu sauras que la première décision était la bonne. La différence avec l'autorité sacrale, c'est que cette dernière est intuitive là où la tienne est instinctive.

En gros, même si on t'enlève ton cerveau, tu es encore probablement capable de prendre des décisions éclairées.

Tu ressens dans tout ton corps une situation sûre ou hasardeuse.

C'est un processus très surprenant, car la décision se prend réellement en une fraction de seconde. Mais tu as tout intérêt à l'écouter et à développer cette particularité.

Le moment de vérité

"You only get one shot, do not miss your chance to blow."

Si tu ne saisis pas ce moment de vérité et que tu commences à tergiverser, tu vas te perdre dans l'intellect, et ta décision est comme décédée de mort violente.

Remets-la à plus tard et écoute-toi.

Cette autorité te dote d'un pouvoir sensitif assez fin : genre les odeurs, les bruits, quelque chose qui est dissonant ne te portera pas bonheur.

Essaie d'accepter que le monde n'existe pas en tant que tel, mais tel que nous le percevons, et comprends que si toi, tu le perçois de manière stridente ou malodorante, c'est probablement ta rate qui t'envoie une alerte. La situation ne te portera pas bonheur.

Dans ton cas, le cerveau reptilien est à l'œuvre et tu peux lui faire confiance pour calmer les copains (mental et émotions). Ta rate définie te met à l'abri de ce genre de non-sens. Tu SAIS dans tout ton corps, c'est lui qui fait le tri des bonnes et des mauvaises expériences. Tu es de la trempe des chamans.

À RETENIR

✦ Ta prise de décision est immédiate, que tu le saches ou non. ✦

✦ Le mental est ton pire ennemi. ✦

✦ La voix splénique parle doucement et ne répète pas. ✦

✦ Fais attention, car ton sacral non défini peut aussi t'amener à capter l'énergie vitale d'un générateur et te faire confondre un instant la résonance splénique avec la vibration sacrale. Rentre chez toi et recommence. ✦

✦ Cette prise de décision est instantanée. ✦

✦ C'est-à-dire qu'une fois le *momentum* passé, tu n'as plus l'information qui t'avait permis de prendre cette décision. ✦

✦ Si tu rates la petite fusée décisionnelle, attends un peu, elle va revenir et tu auras une sensation de déjà-vu. Tu sauras. ✦

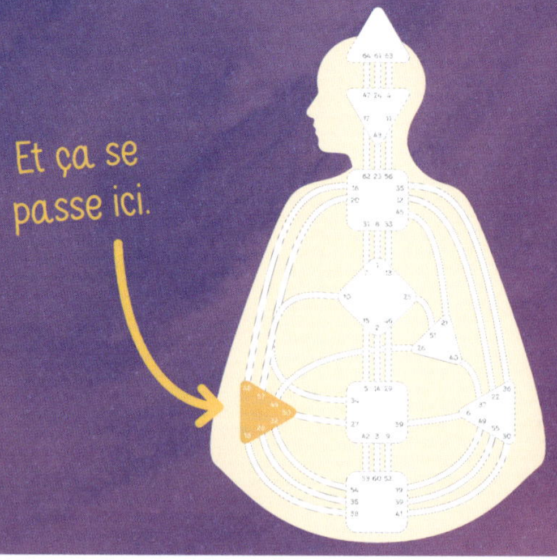

Ton autorité est **volontaire**

Fais ce que tu veux et point à la ligne !

« Que ce soit écrit et accompli. »

Le centre du cœur, autrement nommé centre de l'ego, est celui qui gère les désirs, la volonté. Lorsque le cœur est relié à la gorge, tes désirs s'expriment.

En l'absence d'autre centre défini plus haut dans l'échelle des autorités, bien entendu.

Ce n'est presque pas une autorité de prise de décision d'ailleurs, si on y regarde bien. Ce serait plus une prise de décision autoritaire.

Tu sais ce que tu veux et tu vas tout faire pour l'avoir.

Ne reste qu'à savoir exactement quel est ton vrai désir du cœur.

ATTENTION, il existe néanmoins deux types d'autorité du cœur :

- l'autorité manifestée du manifesteur ;
- l'autorité projetée du projecteur.

L'autorité manifestée du cœur

Quand le centre du cœur est relié à la gorge.

C'est la marque des manifesteurs d'avoir un centre moteur relié à la gorge.

Quel autre centre que celui du cœur / ego pour parler des désirs et des décisions ?

En fait, c'est très simple : comme la stratégie comportementale du manifesteur est d'informer, il suffit d'écouter ce que tu dis.

Tes désirs s'expriment par ta gorge, et ils font foi.

Attention cependant au conditionnement qui pourrait t'obliger à dire « ce que tu penses pouvoir ou devoir exprimer » et qui pourrait compromettre ta décision.

Tu dois écouter tes paroles les plus immédiates, les plus directes, car c'est là que se situe la vérité de ta voix.

Impossible de préparer un discours, de chercher à convaincre. Dès lors que tu t'exprimes, dans l'instant tu es la personne la plus convaincue et convaincante qui existe.

C'est ta stratégie de manifesteur qui va être ton guide dans cette exploration.

L'autorité projetée du cœur

Quand le centre du cœur / ego est relié au centre G, le soi.

BON À SAVOIR : il n'y a qu'un canal qui relie le cœur au soi, le canal de l'initiation (25-51).

C'est une forme rare de projecteur. Rare comme un Pokémon rare.

Très important de se connecter à son type énergétique lorsqu'on a cette autorité.

Le centre G (ou du soi) entouré de centres blancs peut se perdre dans le conditionnement des autres et faire perdre au centre le plus défini un sens de l'identité primordial pour bien utiliser cette autorité.

Attendre d'être reconnu·e et invité·e.

Quelque part, c'est comme si tu avais besoin de prendre des décisions pour les autres afin de mieux identifier les tiennes.

Tu es une force transformatrice pour les autres, capable de les reconnecter avec leurs désirs.

Les questions à se poser : « Qu'est-ce que je veux ? Qu'est-ce que je peux en tirer ? »

Ta volonté d'entreprendre ou pas va finalement dépendre de la reconnaissance du monde extérieur et du respect de ton énergie personnelle.

À RETENIR

✦ Que tu sois projecteur ou manifesteur, tu sais ce que tu veux et tu l'auras un jour (tu l'auras !). ✦

✦ Tu dois te connecter à ton type pour savoir comment l'avoir et quoi en faire. ✦

✦ Dans un cas, tu dois projeter les désirs de ton cœur (les voir comme sur un écran ou en parler autour de toi), et dans l'autre tu dois les manifester (les faire savoir ou les faire apparaître selon ton niveau de croyance magique). ✦

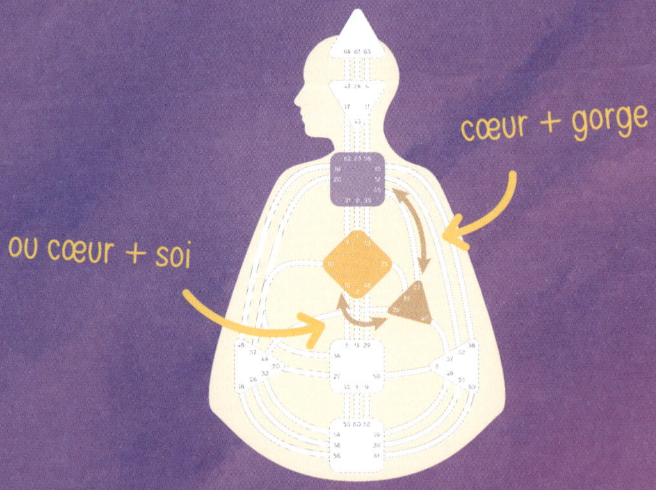

Ton autorité est projetée à l'intérieur

Sois vrai·e envers toi-même.

C'est l'une des deux autorités réservées aux projecteurs.

C'est pour ça qu'on les appelle des autorités projetées.

L'idée part du principe que le projecteur a besoin de se connecter à l'énergie des autres pour la focaliser. Et dans le cas de l'autorité projetée, ça va se faire de deux manières : soit en parlant aux autres pour laisser la décision s'imposer (autorité projetée environnementale qui s'appuie sur le mental), soit en s'écoutant parler aux autres pour entendre sa vérité intérieure (celle-là).

Tu vois la nuance ?

Bien que projetée, elle ne s'adresse qu'à elle-même.

Cette autorité dirigée vers l'intérieur est assez rare. Reliée au centre du soi qui influe sur le sentiment d'appartenance, la raison d'être et l'amour (de soi), elle est particulièrement sensible au conditionnement. Diffuse et complète à la fois, elle n'intervient pas d'un coup comme l'autorité émotionnelle qui trouverait sa neutralité, ni par impulsions comme l'autorité sacrale, elle n'a pas de *process* comme l'autorité extérieure, mais elle est LÀ. JUSTE LÀ.

Le risque, c'est de ne pas l'écouter !

Si on devait vraiment la situer, ce serait au niveau du sternum, au centre de la cage thoracique.

Si on doit lui associer une sensation physique, ce serait plus proche de la chaleur, comme un liquide qui se répand ou une plume qui t'effleure.

Une vague à l'air vague

Étrangement, c'est une autorité qui est peu reconnue par les autres. Comme si sa légitimité devait être remise en question. Ainsi, elle peut s'effacer devant les émotions, les intuitions et la détermination des autres.

Et pourtant, c'est le guide le plus sûr et le plus déterminé, car elle imprime en toi une sensation de justesse dont tu ne peux te défaire.

Le secret de cette autorité réside dans l'écoute de ce que tes paroles impriment en toi.

- Lorsque tes paroles te donnent le sentiment d'être « toi-même ».
- Si tu peux exprimer librement ta pensée et en ressentir une grande satisfaction, une évidence.
- Fais attention à ne pas TE mentir (mentir aux autres, on n'en parle pas, c'est carrément délétère).
- Pour éviter le piège du mental, concentre-toi sur l'écoute de ce que tu dis et les sensations que cela te procure.

Deux questions à te poser

- Est-ce que cette décision va me rendre pleinement heureux·se ?
- Est-ce qu'elle représente profondément qui je suis ?

En suivant le processus de reconnaissance et d'invitation de ton type projecteur, tu dois apprendre à te fier à cette autorité subtile, car en te laissant entraîner dans des projets qui ne sont pas pour toi, tu pourrais ne jamais trouver l'énergie de les terminer.

Ta véritable nature est ton seul guide.

À RETENIR

✦ Tu as besoin de te projeter à l'intérieur de toi. ✦

✦ Tu peux le faire en parlant aux autres, mais surtout si tu te concentres sur l'effet de tes paroles sur toi-même (oui, c'est très égocentrique comme délire). ✦

✦ Ta décision s'impose à toi au plus profond de ton être. TU SAIS. C'est tout. ✦

✦ Et c'est quelque chose qui te rend heureux·se. ✦

✦ Si tu laisses tes centres ouverts entrer en non-soi, tout va devenir plus compliqué pour toi. ✦

Ton autorité est projetée à l'extérieur

Ça se discute.

On vous appelle les projecteurs mentaux.

À ne pas confondre avec un projecteur qui fait aussi manteau, le projecteur mental est ainsi fait qu'il n'a aucun centre défini en dessous du centre de la gorge. Elle-même parfois ne l'est pas, et c'est alors la couronne seule qui est connectée à l'*ajna* (l'intellect).

En revanche, ce qui est notable, c'est que tu vas utiliser tes autres centres non définis pour te connecter à l'énergie du monde qui t'entoure. Une fois que tu sais ça, tu dois donc tâcher de prendre de la hauteur face à ces énergies passagères que tu vas choper à droite, à gauche. Ton Design t'indique que tu as surtout besoin de t'entendre parler pour prendre une décision claire.

Est-ce que cela implique que l'avis des autres, on s'en bat les reins ? Je n'irais pas jusque-là, mais tu connais désormais ton mode de décision.

L'autorité qui met tout le monde d'accord

Le principe du Design Humain, c'est de sortir du conditionnement extérieur pour apprendre avec quel endroit du corps tu dois « sentir » tes décisions, tu le sais. Et puis en fait non. FRUSTRANT *OR WHAT* ?

Tu as le type d'autorité qu'une grande majorité de la population utilise.

- La société nous dit de peser le pour et le contre, et place l'intellect au-dessus de tout.
- Les gens plus évolués en développement personnel t'apprennent à écouter ton instinct et ton pouvoir intérieur et à repérer ce « moment de vérité ».

Mais toi, ce moment de vérité, tu ne le connais pas, et grande nouvelle : il n'est pas prévu pour toi !!

La bonne nouvelle : tu n'as plus besoin de remettre en question tous les choix de ta vie.

- Tu as un processus décisionnel extérieur.
- Une autorité lente, délibérée, méticuleuse et mesurée qui va émettre une conclusion scientifique après étude et délibération du jury.
- Tu as accès à toutes les perspectives et tous les concepts, et tu peux tout synthétiser, tu es l'exemple même du thésard.

✦ Ta manière de prendre les décisions va donc résulter de l'échange avec les autres.

Chercher les réponses à l'extérieur de soi

Parle avec un max de gens, échange, pèse le pour et le contre, reste dans la question.

Les personnes les plus magnétiques sont de grands empathiques. Donc permets à cette empathie de s'exprimer en s'imprégnant du monde.

Si tu dois chercher dans ton corps, pense à l'idée de la clarté intérieure. Lorsque les choses sont neutres, le mental ne se mêle plus de la réponse. Il ne s'agit pas de trouver une réponse qui va satisfaire ce mental, mais d'identifier TA réponse logique.

D'ailleurs, à l'instar des réflecteurs, si tu pouvais prendre vingt-huit jours pour prendre une décision, tu ne t'en porterais que mieux.

Allez, bonne chance !

Toi aussi, tu ne dois pas mentir, ni à toi, ni aux autres.

Pour éviter le piège du mental, concentre-toi sur l'écoute de ce que tu dis et les sensations que cela te procure.

⚠ **Fais attention** : tu as envie de penser que ton mental fort et agile est ton autorité. D'ailleurs, c'est le cas pour tout le monde : tu es LA personne à aller voir pour prendre une décision rationnelle et rassurante. Mais en réalité, ta capacité à absorber les caractéristiques des centres définis des autres et à les rediffuser sous forme de sagesse fait de TON mental une autorité pour les autres.

À RETENIR

✦ Les autres ne te donnent pas les réponses, ils les révèlent. ✦

✦ Certes, c'est ton intellect qui va finir par trancher, mais attention, ce sont précisément tes centres ouverts qui vont jouer un rôle dans cette délibération. ✦

✦ Si tu laisses tes centres ouverts entrer en non-soi, tout va devenir plus compliqué pour toi. ✦

Ton autorité est **lunaire**

Réflecteurs *only*

Eh oui tu l'auras compris, vingt-huit jours de réflexion, il n'y a qu'un réflecteur qui peut le faire.

Mais trêve de plaisanterie, pourquoi donc dit-on vingt-huit jours ?

Vingt-huit jours, c'est un cycle lunaire.

C'est le temps qu'il lui faut pour savoir. Et tu sais pourquoi ?

Ce n'est pas parce que le réflecteur est lent, indécis ou lunatique (quoique)...

C'est parce que pendant ce cycle lunaire, le réflecteur expérimente toutes les autorités.

Réceptif comme il l'est, avec tous ses centres blancs, le réflecteur est sensible aux transits des planètes et va donc expérimenter à chaque transit une nouvelle configuration planétaire, de nouvelles activations et de nouvelles capacités.

C'est par les centres blancs que nous nous connectons dans l'aura.

Et le réflecteur ayant l'intégralité de ses centres blancs est donc une personne ultra-connectée qui peut sentir toutes ces variations à l'intérieur de lui.

Il faut donc beaucoup s'observer et observer le monde.

Ce n'est pas pour rien que je les appelle les oracles. Une réflecteur qui se connaît bien est capable de comprendre tout ce qui se passe dans le monde en temps réel.

En réalité, nous le vivons tous. Mais nous, on est vachement habitué·e·s au fonctionnement des centres définis, surtout ceux qui forment notre autorité. On va donc se laisser porter par ces fonctionnements fixes et fiables (ce qui rend nos centres blancs encore plus fragiles, finalement).

Le bon réflecteur doit attendre un cycle lunaire de vingt-huit jours avant de prendre une décision afin d'éviter toute déception.

Évidemment, on parle ici de grandes décisions de vie, hein. Inutile de prendre vingt-huit jours pour choisir entre burger et pizza sous peine de mourir de faim.

L'autorité intérieure conditionnée

Le gros piège de l'autorité extérieure, c'est le risque de conditionnement des autorités intérieures qui l'entourent. Y compris pour le projecteur mental. Mais dans le cas du réflecteur, il y a pire.

Tu peux carrément être influencé·e par le transit.

L'influence du transit agit comme le champ aurique d'une personne, en créant une définition temporaire, exactement comme une autre personne, sauf qu'elle est invisible et qu'on ne la voit pas venir. Dans ces moments-là, l'autorité qui est hiérarchiquement au-dessus peut venir remplacer l'autorité réelle.

Et ça vaut pour tous les types (sauf les émotionnels qui restent émotionnels). Tout le monde peut se faire avoir par un transit. Tu peux même changer de type !

NOTE BIEN : nous redevenons tou·te·s émotionnels au moins une fois de temps en temps.

En réalité, qu'on soit bien clair·e·s, une personne qui ne connaît pas le HD et son processus décisionnel unique peut vivre le même conditionnement et prendre ses décisions au travers de ces centres blancs au fil des transits et des rencontres. Ce qui reviendrait au même. En revanche, dès lors qu'on commence à écouter son autorité, à vivre le déconditionnement en se rapprochant de son essence unique, on peut sentir une différence. Une personne splénique ou sacrale peut très rapidement identifier ce qui lui a permis de prendre des bonnes décisions dans sa vie. Le réflecteur n'a pas cette chance. Toute sa vie sera ponctuée de ces temps d'attente et d'expérimentation.

MAIS la prévisibilité des cycles te permet de voir venir le délire.

Car en effet, comprendre les mouvements de la Lune et observer le transit va te donner en temps réel l'information : sur quelle autorité suis-je en train de surfer ? Tout comme le projecteur mental, tu peux utiliser ce temps à discuter avec des gens de confiance en écoutant ta propre voix pour trouver ta vérité.

Tu peux aussi faire des recherches, lire des livres, surfer sur le net... Tu auras juste besoin de temps, d'espace et de solitude pour différencier les influences de ton environnement et faire le tri avec ce qui résonne.

⚠ Attention danger !

De nombreux réflecteurs utilisent l'autorité intérieure de leur entourage comme leur propre autorité (les enfants ou les parents souvent). S'ils n'en comprennent pas le fonctionnement, ils peuvent devenir confus.

C'est extrêmement difficile pour le réflecteur de demander de l'aide en cas de confusion, et pourtant il faut oser, car c'est ainsi qu'il trouvera les bon·ne·s conseiller·ère·s qui aideront à clarifier sa propre voix.

Toi, ami·e réflecteur, tu es donc temporairement « conditionné·e » à utiliser l'autorité intérieure du transit pour prendre tes décisions.

L'autorité intérieure conditionnée est toujours incorrecte, car elle n'est jamais une autorité intérieure, et c'est comme ça qu'on entre en NON-SOI.

À RETENIR

✦ Ton processus décisionnel de vingt-huit jours te permet de sentir passer le transit et ses dangers de conditionnement. ✦

✦ Tu peux désormais observer le mouvement et prévoir le coup en tâchant de garder ta grande sagesse de réflecteur. ✦

✦ Si tu laisses tes centres ouverts entrer en non-soi, tout va devenir plus compliqué pour toi. ✦

Pas de centre défini.

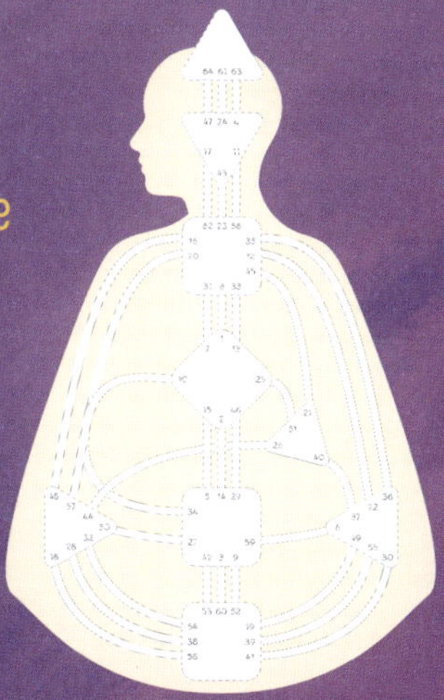

Quelle autorité pour quel type ?

	Générateurs	Manifesteurs	Projecteurs	Réflecteurs
Émotionnelle du plexus solaire	👍	👍	👍	
Sacrale du sacral	👍			
Splénique de la rate		👍	👍	
Volontaire du cœur (ego)		👍	👍	
Intérieure du soi			👍	
Extérieure projetée (mental)			👍	
Rien La Lune				👍

Donc on récapitule :

- Tout le monde peut être émotionnel, sauf le réflecteur.
- Seule la famille des générateurs peut avoir un sacral actif, et certains seulement peuvent avoir une autorité sacrale.
- Seuls les manifesteurs peuvent avoir une autorité volontaire, puisque la gorge est reliée au moteur du cœur et le sacral est non actif.
- Les projecteurs sont ceux qui peuvent avoir le plus d'autorités possibles.

Petit rappel de la hiérarchie des autorités

1. Le centre des émotions prend le dessus sur tous les autres.
2. Le sacral prend le relais mais fait de toi un générateur.
3. La rate arrive juste derrière pour donner une autorité splénique à ceux qui n'ont pas de sacral (projos ou manif).
4. Le cœur/ego (centre moteur) arrive ensuite en te définissant manifesteur s'il est connecté à la gorge ou projecteur s'il est connecté au centre G.
5. Le centre G (relié à la gorge ou au cœur) ne parle qu'aux projecteurs.
6. Quand les centres du haut (couronne, *ajna*, gorge) ne sont reliés qu'entre eux, tu es un projecteur mental.
7. Sans rien, tu es réflecteur.

Apprivoiser tes centres énergétiques

Les centres, nous en avons déjà parlé (beaucoup). Forcément, c'est leur définition qui te dit ton type et ton autorité.

Maintenant, nous allons entrer dans les détails de chaque centre pour que tu puisses bien comprendre leur rôle et la manière dont leur définition va influencer ta vie.

Les centres énergétiques nous définissent nous-mêmes, ils influencent nos réactions, nos pulsions, nos superpouvoirs et nos blocages, ce sont les plaques tournantes de notre énergie intérieure.

Parmi ces neuf centres, nous en avons qui sont définis, ceux qui sont colorés sur la carte (peu importe la couleur) ; ceux qui sont blancs sont appelés non définis. Parmi les centres blancs, on va faire une petite différence entre un centre non défini et un centre ouvert.

Comment les reconnaît-on ?

Un centre défini est coloré, et il est forcément relié à un autre centre coloré par un canal énergétique (ce sont deux portes qui se connectent entre elles).

Un centre non défini est blanc, et il peut abriter une ou plusieurs portes, actives mais non reliées à leur homologue ; on les dit dormantes. Avoir des portes dormantes va changer la manière dont ton centre non défini va se connecter aux autres et donc probablement influencer ton conditionnement, tes réactions et ton usage des caractéristiques de ce centre. C'est comme si ton centre non défini allait chercher à se connecter au monde qui l'entoure, en priorité par cette porte.

Un centre ouvert n'a aucune porte activée. Cela signifie qu'il peut se connecter aux autres de toutes les manières possibles et expérimenter toutes les connexions, c'est donc une ouverture plus grande, parfois une plus grande fragilité.

Entre croyances et superpouvoirs

Tes centres définis sont tes gars sûrs. Ce sont des centres actifs qui fonctionnent toujours de la même manière. C'est-à-dire que tu peux compter sur eux. Alors, comme toujours avec les gars sûrs, tu peux les renforcer, gagner en assurance et les utiliser de mieux en mieux, mais arriveront-ils à t'étonner ? Rien n'est moins sûr. Ce sont des centres qui bossent pour toi et c'est déjà bien.

Les centres non définis, c'est une autre affaire, ce sont un peu tes stagiaires. Ils ne savent rien foutre, il faut tout leur montrer, mais comme ils sont jeunes et malléables, on peut en faire ce qu'on veut. Mais si tu t'y prends bien : PAF, ça fait des Chocapic ! Un centre non défini est fragile et sujet au conditionnement, c'est-à-dire qu'il va se connecter aux centres définis des gens. Alors ce qui peut arriver, lorsqu'on ne connaît pas le potentiel de conditionnement, c'est que le centre non défini va amplifier le comportement d'un centre défini, devenant une imitation grossière, un brouillon qui peut nous créer énormément de croyances limitantes et nous faire agir de manière insensée.

Un centre blanc est plus sensible au conditionnement extérieur (de la société, des parents, des gourous et des dirlos d'école). Pendant l'enfance, on subit cette influence et elle se transforme en douleur, ton centre devient souffreteux. C'est là qu'intervient le centre de l'intellect, toujours en train de rationaliser, et qui va transformer ces douleurs en croyances limitantes.

Au fil de l'expérimentation, nous apprenons à prendre du recul et à observer nos réactions. Oh ! Tiens ! C'est mon centre non défini qui fait des siennes ! Un peu de hauteur suffit à transformer cette capacité de connexion en superpouvoir. Car alors, nous cessons de nous identifier à nos comportements et nous devenons de vrais guides pour les autres.

Si tu arrives à remettre en bonne santé ce centre non défini, il va révéler TON SUPERPOUVOIR. #OUHLOULOU

DONC, la première chose qu'on va regarder, ce sont évidemment les centres blancs.

Les autres, ça va, ils font leur vie. Ce qui va nous intéresser chez eux, ça va être plutôt de regarder comment ils sont connectés entre eux, car les petites coupures de connexion entre les centres définis peuvent aussi représenter une source de conditionnement.

Voici un petit exemple choisi au hasard.

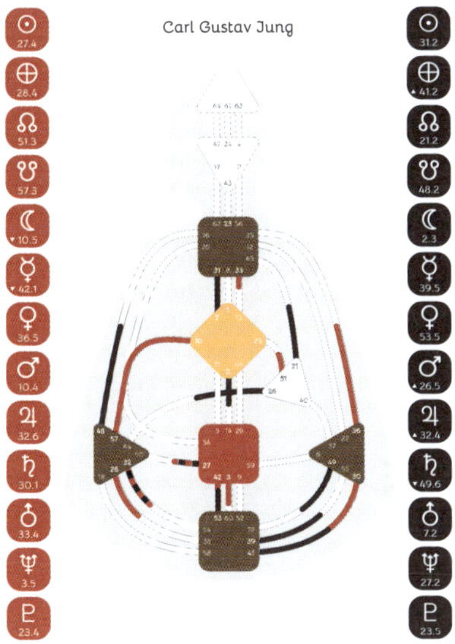

Au tout début du livre, je t'ai montré le schéma de Carl Gustav Jung, qui n'était évidemment pas choisi au hasard.

Carl Gustav est le fondateur de la psychologie analytique, et ses recherches ont été à l'origine de toutes les théories qui comptent pour moi aujourd'hui.

Il a mis au jour les concepts d'inconscient collectif, les archétypes, la synchronicité et ce qu'il appelait les coïncidences heureuses, qui ont posé les bases de toutes les disciplines liées au développement personnel.

Je ne pouvais pas passer à côté de sa carte.

Je ne vais pas entrer dans les détails profonds de son Design, il y aurait trop à dire, mais tu peux déjà constater qu'il a le centre de la tête (la couronne) ainsi que l'*ajna* complètement ouverts.

Aucune porte activée.

Ce qui signifie qu'il est capable de se connecter à tous types d'inspirations et d'idées. Il avait l'esprit très ouvert et était capable de voir ce qui se tramait dans le mental des personnes. C'est sans doute ce qui l'a poussé à l'explorer.

Il était fasciné par l'étude des rêves.

Il était capable de passer d'une idée à l'autre en fonction de la personne avec qui il travaillait, et adaptait ses points de vue et ses opinions.

Il a également le centre du cœur / ego non défini, avec des portes activées mais dormantes. Lorsqu'il y a une porte dans un centre blanc, tu peux savoir à peu près sur quel sujet va se situer la fragilité. C'est tout simplement la porte activée qui va vouloir se connecter à son homologue en face. Sur le plan énergétique, ça va créer un manque. Parfois, au fil des rencontres et des transits, la porte en face va s'activer, définissant un canal et du même coup les deux centres reliés. Et puis hop, dans la solitude, ça s'éteint.

C'est ce genre d'inconstance qui pousse le mental à se poser des questions et à y répondre avec des croyances.

Donc Jung, avec son cœur / ego non défini, disposait de cette capacité à comprendre le rôle de l'ego, la place du MOI et du JE, le principe du mérite et de la volonté… Le terrain de jeu préféré du développement personnel.

Jung était un générateur émotionnel.

Pour info, le site Genetic Matrix dont je t'ai parlé précédemment propose des schémas de célébrités ! Il te suffit de chercher le nom de la personne + Human Design sur Google pour tomber dessus.

Je me suis amusée à aller jeter un œil à celui dont on dit que Jung était un disciple dissident : Sigmund Freud.

Générateur-manifesteur émotionnel.

Comme Jung, la couronne et l'*ajna* sont blancs avec uniquement une porte : la 63, la porte du doute et de la suspicion.

Le cœur est complètement ouvert et la racine n'est pas définie, ce qui signifie que Freud supportait beaucoup moins la pression.

Il était également plus centré sur l'expression des émotions. Le centre émotionnel relié à la gorge lui donnait une grande capacité à se connecter à ses émotions pour les utiliser comme point de départ (attention, ça peut aussi provoquer des grosses crises de colère et des grands états d'âme).

Il y a donc beaucoup de points communs entre eux. L'étude détaillée pourrait même nous montrer les thématiques sur lesquelles ils pouvaient se trouver en désaccord.

Petit rappel des centres, ensuite nous passons à l'étude de chaque centre individuellement.

Essaie de poser les noms sur les centres :

1. La couronne
2. L'*ajna* ou intellect
3. La gorge
4. Le centre G ou le soi
5. Le cœur / ego
6. Le plexus solaire ou émotions
7. Le sacral
8. La rate ou le splénique
9. La racine

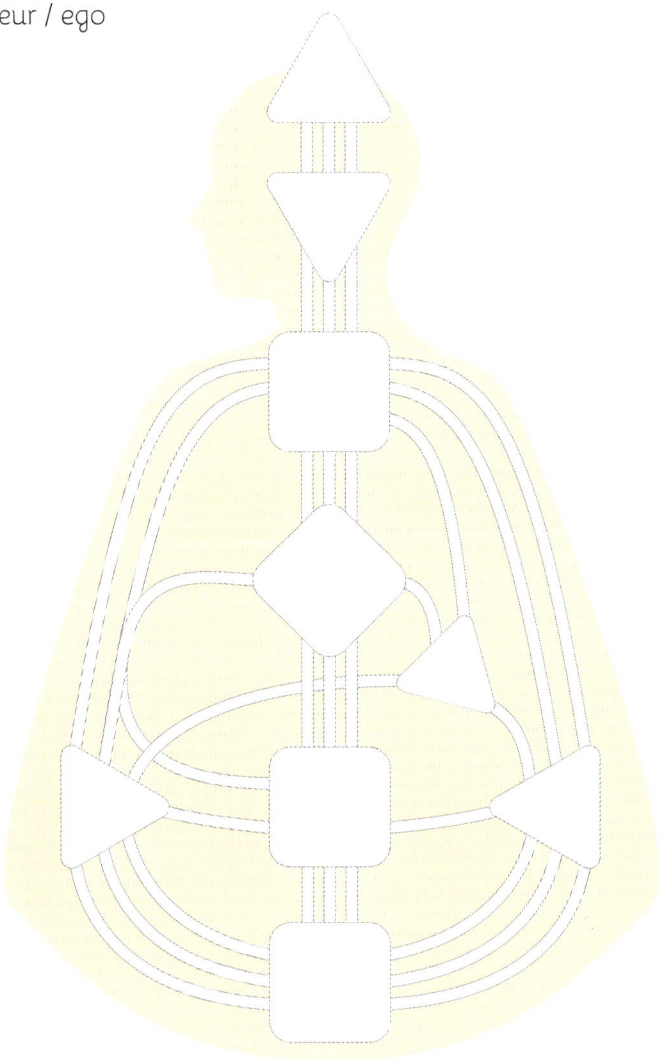

La couronne

Est-ce que je me pose trop de questions ?
Je sais pas moi !
Est-ce que la pression mentale te stresse ou te déprime au point de te donner envie de manger du chocolat sous un plaid ?
Oui ? Non ? Un peu mais ça va ?
Tout ça à la fois.
Tiens, reprends un chocolat, viens on va parler ensemble et les réponses vont venir toutes seules.

On l'appelle aussi le centre de la tête.

C'est le centre de l'inspiration et de la connexion aux messages de l'univers.

Placée judicieusement au sommet de la tête, la couronne est le lieu de l'inspiration, qui, si on y regarde bien, arrive de tout en haut comme une antenne qui recevrait son inspiration de dimensions plus élevées. On y trouve la vérité, le doute, le champ des possibles. Elle est par nature reliée à un seul autre centre. En l'occurrence l'intellect.

Cela signifierait-il que l'inspiration doit être traitée par l'intellect d'abord ?

Oui. Car il faut transformer cette inspiration.

Ce centre est également un des deux centres de « pression », on peut même la ressentir physiquement, cette pression, lorsqu'on est confronté·e à l'urgence de résoudre un problème. Il s'agit d'une pression à comprendre, résoudre des problèmes et trouver un sens à toute chose.

C'est le lieu où se trouve la glande pinéale, qui régule la mélatonine.

Couronne définie

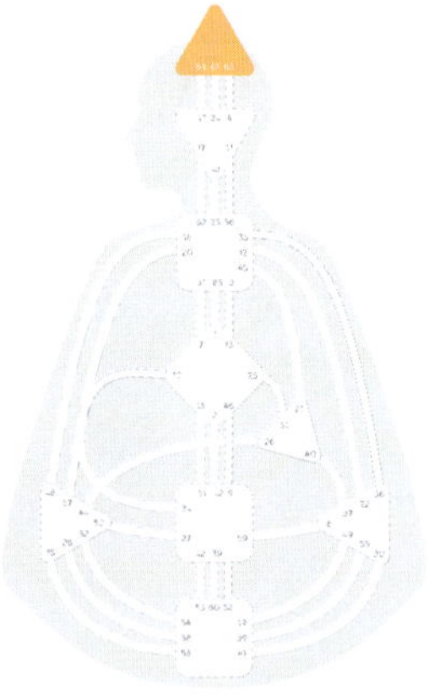

Le syndrome du savant fou.

30 % de la population.

Couronne non définie

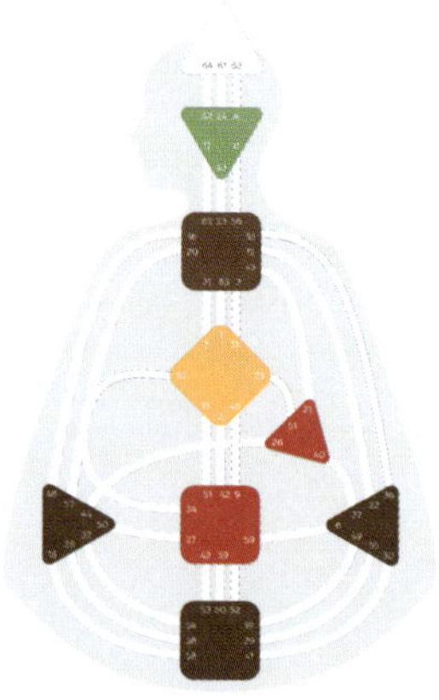

Inspiration *versus* pression, doute et confusion.

70 % de la population.

Ta couronne définie réfléchit sans cesse

Elle s'évertue à trouver une raison à tout, elle examine tout en profondeur, à la recherche de grandes idées et de grandes réalisations.

Attention tout de même à ne pas trop chercher à rationaliser ses inspirations. Non, tout n'a pas une explication scientifique.

Quand la couronne est définie, l'*ajna* l'est aussi.

Ici, tu commences à comprendre comment toutes les informations s'imbriquent. La couronne, qui ne dispose que de trois portes, se connecte au centre du dessous par une ou plusieurs de ces portes, activant un canal. C'est cette connexion qui va définir les deux centres. Et comme notre amie couronne ne peut être connectée qu'à l'*ajna*, si elle est définie, l'autre l'est aussi.

Et en fait, c'est assez simple : l'inspiration a besoin d'être transformée.

Ton esprit est brillant, mais tu dois comprendre que l'intellect n'est pas l'intelligence, ce n'en est que le logiciel. Ton intelligence s'exprime quand tu apprends à utiliser ton intellect.

L'intellect, le logiciel, est donc fondamentalement constitué de ces deux éléments qui travaillent ensemble.

Ton esprit intrigue. Ta profondeur de réflexion peut même ébahir, et selon tes talents de communication, tu pourras facilement te faire remarquer.

Mais voici le piège...

Une couronne définie peut maîtriser et comprendre des concepts incroyablement profonds, des questions de la plus haute importance ainsi que des concepts hyper-nobles. Tout peut lui sembler très clair. Mais va savoir pourquoi, au moment de ramener tout ça dans la matière, c'est la débandade. C'est comme si tout était évident dans ta tête, mais que tu ne peux rien en faire ni rien expliquer. Tu sais, ces moments horribles où tu sais exactement ce que tu veux dire, mais où chaque fois que les mots sortent, c'est du charabia. Ta compréhension profonde est plus intelligente que toi, tout simplement. Et si on ne maîtrise pas ce besoin de tout comprendre et de tout expliquer, on peut devenir fou.

La couronne définie, c'est le lieu de tous les dangers : les inspirations les plus folles et les plus gratifiantes, mais aussi le mental qui ne s'arrête jamais et qui t'épuise.

Les questions à se poser

- Qu'est-ce qui m'inspire ? Comment arrive l'inspiration ? Est-ce que j'ai forcé ?
- Est-ce que j'utilise ma perspicacité et mon inspiration pour favoriser l'autonomie des autres ou pour leur donner mes idées ?
- Est-ce que la pression mentale me stresse ou me déprime au point de me donner envie de manger du chocolat sous un plaid ? Oui ? Non ? Un peu mais ça va ?
- Est-ce que j'ai tendance à prendre des décisions un peu hâtives quand je ressens ce stress (en sachant qu'elles seront probablement très incorrectes) ?
- Est-ce que je doute de moi-même ? Des autres ? Est-ce que les réponses que je trouve arrivent à me satisfaire ou je continue le chocolat ?
- Est-ce que j'accepte cette pression mentale (confusion, doute, manque de clarté) sans essayer de la transformer en action ou en indigestion ?
- Comment puis-je transformer des idées abstraites en quelque chose de concret sans saigner du nez ?

EN RÉSUMÉ

✦ Constante pression de vouloir résoudre des énigmes. ✦

✦ Tu réfléchis constamment. ✦

✦ Tu analyses en permanence ce qui est ou devrait être inspirant. ✦

✦ C'est la porte ouverte aux maux de tête et migraines. Tension constante que tu risques d'essayer d'éliminer en prenant des décisions hâtives ou en agissant sans réfléchir. ✦

✦ Tu es à l'aise avec le doute et la confusion, ils précèdent la clarté. ✦

✦ Tu peux aider les autres en étant une source d'inspiration. ✦

Ta couronne non définie trouve l'inspiration en tout

Plus sensible au Design des autres, tu peux te laisser inspirer par toute expérience, toute compagnie.

Le plus gros risque, c'est le trop-plein. Sans but et sans focus, toute cette inspiration pourrait te pousser à passer à l'action sans attendre, et sans être guidé·e par un instinct personnel. Burn-out assuré : pourquoi passer autant de temps à réfléchir aux projets des autres ?

Cette pression à trouver l'inspiration exacte, comme si ta tête était une bibliothèque et que tu devais chercher dans les rayons le livre qui possède la réponse… mais non ! Ta tête, c'est Google, Wikipédia et Universalis en multilingue. Ta couronne magique a accès à tout.

Le centre blanc n'est pas FAIT pour fonctionner de manière fixe et stable comme un centre défini, et ça ton mental ne le sait pas, alors il va pousser, pousser pour forcer ton centre blanc à agir comme un centre défini.

Le centre blanc va alors amplifier le comportement.

C'est pourquoi la personne à la couronne non définie va soudain se prendre la tête pour résoudre les problèmes de tout le monde alors qu'elle n'est pas faite pour ça. Elle va donc chercher, chercher sans relâche, se mettre une pression dingue et se prendre la tête, littéralement.

C'est le non-soi de la couronne non définie

Utilise la force de cette couronne non définie comme une antenne réceptrice des pensées d'autrui, et ne cherche à créer rien d'autre que de la sagesse.

Dans un second temps, cette sagesse va faire le tri dans le flot des pensées et se reconstruire en discours cohérent pour transmettre à son tour le message.

Tu peux élucider le monde en gardant esprit critique et hauteur de vue.

Questions et inspiration *versus* pression, doute et confusion.

LA TÊTE OUVERTE

Lorsqu'il n'y a aucune porte activée dans un centre, on le dit « ouvert ».

Les portes « dormantes » activées dans un centre blanc jouant un rôle important dans la manière dont le conditionnement va s'exprimer, le centre totalement ouvert va alors prendre une autre dimension.

- Sensible aux influences des autres.
- Capacité à capter les inspirations du monde.
- Aucune capacité innée à savoir qu'une chose est plus inspirante ou intéressante qu'une autre.

EN BIEN : tu es capable de discerner l'utilisation qu'ont les gens de leur mental. Tu peux même aller jusqu'à savoir ce qu'ils pensent et les aider à explorer ce qui va inspirer leur esprit.

EN PAS BIEN : cette pression mentale, on en fait quoi ? Ben on sait pas. Résultat, on va se la coller sur le front et passer son temps à se poser des questions. Bonne idée. Et pour cesser de se poser des questions, on va décider de se mettre la pression pour arrêter de se mettre la pression. Bonne idée. À la fin de la foire, on ne sait plus quoi penser, au point de se demander si penser est une bonne idée.

Allez hop, coupure de courant pour tout le monde.

Active ton disjoncteur intérieur, l'ami, parce que tu vas passer à côté de conversations stimulantes et tu vas finir par te plier au conditionnement et carrément compter sur les autres pour te dire ce qui est intéressant dans la vie.

Laisse passer la pression mentale, laisse-la s'amplifier toute seule et ne t'identifie pas à sa prise de tête.

Guérison du non-soi

Devenir une inspiration au lieu de la chercher : de ton conditionnement, tu as gardé le besoin. Que dis-je, la pression à chercher l'apaisement en te concentrant sur quelqu'un ou quelque chose d'inspirant.

La croyance associée : il FAUT que je trouve l'inspiration.

Le dialogue intérieur : j'ai besoin de trouver quelque chose d'inspirant – Est-ce que ce que je vis est source d'inspiration ? – Je dois trouver les réponses à mes questions – Où sont les réponses ? (DTC : dans ton centre) – À qui je peux parler ? – Qui peut résoudre ce problème ? – Je peux sans doute aller quelque part pour trouver les réponses – Est-ce que c'est censé être intéressant ? – À quoi devrais-je être en train de penser, là, maintenant ?

Le symptôme visible : j'ai peur de ne pas trouver l'inspiration.

Le symptôme invisible : j'ai peur de ne pas être intéressant·e, de n'avoir aucune substance.

Le paradoxe de l'ermite : il ne veut pas qu'on l'embête, mais tout le monde veut l'embêter. Il veut rester seul parce qu'au fond il a peur de décevoir les attentes des autres. Il va se mettre à rejeter alors qu'il n'a qu'une envie, c'est d'aider les autres, mais comment ? Ce sont les autres qui, en venant le chercher, lui prouveront qu'il est une inspiration.

La guérison : accueillir l'abondance des possibilités et lâcher prise sur le comment, le pourquoi et le « p'têt ben que ». Faire le tri de l'inspiration : attendre le grand OUI de l'autorité. Ne pas chercher à aider les autres, penser à soi aidera forcément les autres.

Superpouvoir : avoir des inspirations divines.

Les portes de la couronne

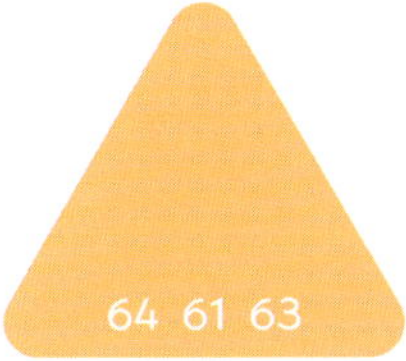

Chacune des portes du centre de la tête est liée à une pression particulière.

64 – La porte des multiples possibilités (la confusion)

L'abstrait

- Elle te met la pression pour trouver la signification des choses du passé et clarifier les situations. Elle se présente sous forme d'images mentales du passé (de souvenirs, donc) qui te font réfléchir et te remettre en question.
- Si elle est activée dans ton inconscient (dans la partie Design en rouge), c'est la porte des rêves.
- Tu as aussi le don d'éclaircir la confusion.

61 – La porte de la vérité intérieure (le mystère)

L'acoustique

- Elle te met la pression pour comprendre les mystères, résoudre les inconnues de l'équation et découvrir des trucs inattendus ou innovants. Elle peut aussi te créer un monde imaginaire à la limite de la folie. C'est la porte du penseur, toujours à la recherche de la connaissance.
- Elle se présente sous forme de sons ou de bruits qui te prennent la tête.

63 – La porte du doute

La logique

- Elle te met la pression pour remettre en cause les modèles et les systèmes, pour les comprendre et les décrypter, parce que c'est la seule manière de calmer le doute, la suspicion, la méfiance et l'interrogation. Elle te fait douter de tout et même de toi-même. Elle te fait même douter du doute. Elle a besoin de faits, de validité, de vérifications.

L'*ajna* (l'intellect)

Le voici donc, cet intellect, soumis à la pression de la couronne qui lui enjoint de comprendre, expliquer, trouver la solution.

Son job est précisément de filtrer et de rationaliser les informations qui descendent de la couronne pour les passer au centre de la gorge qui permettra de les exprimer.

Dans ce centre se trouve la glande pituitaire, autrement nommée « le troisième œil ».

Le troisième œil, c'est aussi celui qui regarde à l'intérieur. À ce titre, l'*ajna* va se faire le porte-parole des centres blancs. Pour lui, les choses sont assez simples : c'est blanc, il faut remplir. Avec quoi ? Ce qu'il a à sa disposition, en l'occurrence des croyances.

Ajna défini

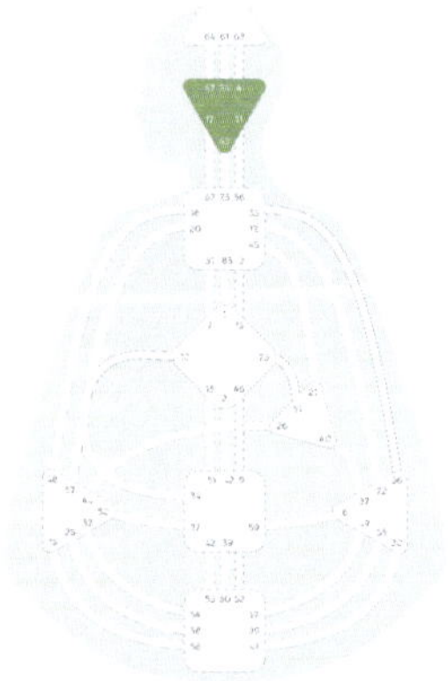

Comme un explorateur du présent cherchant à relier le passé et le futur.

51 % de la population.

Ajna non défini

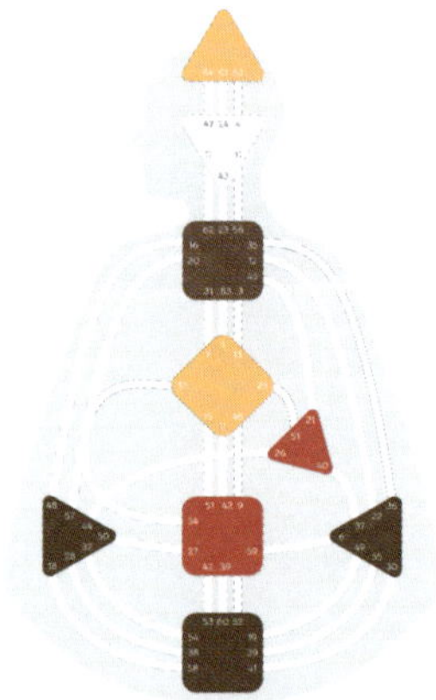

Ouverture d'esprit, distraction, clarté.

49 % de la population.

Ton intellect défini ne s'arrête jamais

Tu dors un peu ?

Ou tu passes ton temps à comparer, vérifier, investiguer ?

Ne dis rien, je connais la réponse.

Les personnes ayant ce centre défini ont toutes parfois cette impression que leur tête va exploser.

Et le pire, c'est quand on trouve une solution à un problème. On va immédiatement sauter sur le problème suivant. Pas de repos pour les braves !

Mais ce n'est pas parce que tu ne cesses de penser et de traiter l'information que tu dois constamment t'inquiéter !

Le secret n'est pas d'arrêter de penser, mais de se distancier du flot continu des pensées, les laisser arriver et s'autotraiter en faisant confiance aux autres centres reliés entre eux comme un mécanisme parfait.

Le mental est le pire ennemi : rationaliser ne va rien changer.

Mais là encore, je parle à ton mental, donc ne cherche plus et laisse-toi aller en étant plus que sûr·e que tout va bien se passer.

Les questions à se poser

- Est-ce que je reste bloqué·e par mes certitudes ou j'ai des idées qui peuvent être challengées ?
- Est-ce que je peux changer ma manière de voir les choses ?
- Est-ce qu'il y a des choses que je n'accepterai jamais de concevoir, ou des manières de penser que je ne m'autorise pas ?
- Est-ce que je réfléchis en permanence ? Oui ? Non ? Peut-être ? Il faut que je réfléchisse...
- Est-ce que ça m'empêche de dormir ? Est-ce que parfois ce flot de pensée me rend confus·e ?
- Est-ce que j'ai déjà pris des décisions dans le doute mais avec une foi chevillée au corps ?
- Comment je me sens dans la confusion ?

- Est-ce que parfois je trouve mes idées loufoques et j'ai peur qu'elles soient rejetées ?
- Est-ce que j'essaie de prendre des décisions avec mon mental ?

EN RÉSUMÉ

✦ Tu es capable d'avoir une opinion sur tout. ✦

✦ Tu réfléchis constamment et analyses tout. ✦

✦ C'est aussi la porte ouverte aux maux de tête et migraines car sous la pression de la couronne définie, tu vas essayer de prendre des décisions et de poser des actions (parfois) de manière hâtive sans consulter ton autorité. ✦

✦ Tu peux utiliser tes opinions et tes idées au service des autres. ✦

✦ Tu peux aider les autres en leur donnant des idées ! ✦

Ton intellect non défini se distrait par nécessité

Tu ne serais pas par hasard du genre à oublier des rendez-vous, sortir sans tes clés ou promettre et oublier ? Est-ce une forme de légèreté ? Non, c'est un filtre naturel, et c'est ce qui permet à cet intellect remarquable de clarifier toutes les complexités de la vie.

Naturellement, il va nettoyer les informations essentielles, celles qui font évoluer la réflexion, les informations basiques.

Il te faut un bon organiseur (ou un assistant personnel) afin de laisser à ton intellect le champ libre pour résoudre les mystères de l'univers.

Là où l'intellect défini agit comme un ordinateur, traitant, analysant, passant en revue les données du problème sans jamais s'arrêter, le non défini peut en un clin d'œil en tirer une conclusion claire, simple et efficace.

Voir la forêt plutôt que l'arbre

Cet intellect n'est pas fait pour chercher les réponses mais pour les trouver, et il dispose de la capacité à capter les pensées d'autrui.

Or l'intellect est aussi le porte-parole de tous les centres blancs, c'est lui qui transforme tes douleurs en croyances. Et si tu as souffert de ne pas être capable de rationaliser ta pensée, il va alors amplifier le comportement des personnes au centre défini qui t'entourent, créant pour lui un déguisement de centre défini très grossier. Comme un sociopathe essayant de mimer une émotion.

C'est le non-soi de ton intellect non défini.

- Dans sa vie idéale, l'intellect non défini reste contemplatif lorsqu'il est seul et s'autorise à réfléchir quand il est en interaction.
- Embrasse l'incertitude, « *go with the flow* », tout en sachant que ton intellect magnifique aura toujours la réponse.

Contemplation et réflexion libre

versus

incertitude, chaos mental et prise de chou.

L'ESPRIT OUVERT

Lorsqu'il n'y a aucune porte activée, on explore une autre dimension.

- La plus grande ouverture d'esprit possible.
- Un esprit qui est en mesure de réfléchir profondément sur ce que pensent les autres.
- Peut se sentir submergé par les pensées des autres.
- Attention à ne pas se laisser absorber par leur bavardage mental.

EN BIEN : tu es capable d'envisager une énorme palette de théories, de concepts, de connaissances ou d'idées sans t'accrocher à l'une ou à l'autre. C'est dans la connexion à l'autre (et le respect de ta stratégie) que tu vas reconnaître la bonne. C'est aussi comme ça que tu peux aider les autres à sortir de leur boucle mentale de possibilités infinies.

EN PAS BIEN : que penser ? Et que penser de ce que je pense ? Tu peux avoir l'impression que ton processus mental change sans arrêt. C'est parce que tu n'as pas de porte ou de canal auxquels te fier pour identifier ta manière de conceptualiser. Je t'interdis donc (formellement) de te sentir impuissant·e, sous peine de vouloir forcer le *process* et de devenir un peu buté·e, parce que c'est comme ça que tu vas céder au conditionnement et prendre des décisions fondées sur ton mental.

Guérison du non-soi

Incarne le chaos au lieu de te mettre KO. De ton conditionnement, tu as pu garder des certitudes, parfois sans intérêt. Des opinions arrêtées, des visions de la vie un peu rigides et le besoin de tout comprendre. En vérité, tu n'as rien à prouver ni à gagner.

La croyance associée : je DOIS trouver une (LA) solution, un (LE) moyen.

Le dialogue intérieur : je devrais tout comprendre – Une décision doit être prise – Je suis convaincu·e – Je dois comprendre la vie car elle semble futile – Je dois connaître la réponse – Il faut mettre de l'ordre pour contrer le chaos – Cette idée est la bonne, je dois l'adopter et l'intégrer – Je dois avoir des idées toutes prêtes au cas où on me challenge de manière impromptue !

Le symptôme visible : la peur de ne pas avoir d'idées et d'être dans le flou.

Le symptôme invisible : j'ai des idées mais personne ne veut les entendre.

Le paradoxe du génie incompris : partagé entre la sensation d'être celui qui sait et la croyance qu'il ne sait rien, il doit trouver son chemin et sortir de l'ego pour comprendre que c'est dans la connexion aux autres que ses idées trouveront leur chemin vers leur matérialisation.

La guérison : retour sur le terrain de jeu, quitte la salle de classe pour la cour de récré. Apprécie la source de divertissement qui se cache dans ton intellect magique et brillant. JOUE avec les options, explore et contemple les possibilités de la vie et deviens énervant·e de recul et de hauteur. Cela devrait ouvrir les esprits sur leurs propres rigidités.

Superpouvoir : élucider les questions du monde.

Les portes de l'*ajna*

Chacune des portes du centre de l'*ajna* est liée à une forme d'anxiété, de peur.

47 – La prise de conscience (l'oppression)

Le mental abstrait qui a peur de la futilité

Parfois, on peut vraiment conclure que la vie est oppressante et futile, que la recherche constante pour donner un sens à la confusion est elle-même futile et n'a pas de sens.

24 – La rationalisation

Le mental acoustique qui a peur de l'ignorance

Il n'y a rien de pire que de ne pas savoir. Surtout si on ne sait pas qu'on ne sait pas. La peur de ne pas accéder à de nouveaux savoirs, à de nouvelles connaissances ou d'être incapable d'expliquer son savoir peut devenir paralysante.

4 – Les formulations (l'expression des formules)

Le mental logique qui a peur du chaos

Trop de questions sans réponses qui font comme une chambre d'enfant avec trop de jouets et pas assez de rangements. Une impression permanente de chaos.

11 – L'harmonie (les idées)

Le mental visuel (œil gauche) qui a peur du vide et des ténèbres

Les ténèbres intellectuelles, c'est l'absence d'idées, le vide. Mais c'est aussi l'incapacité à les expliquer ou à les mettre en forme, à les relier entre elles et à créer une harmonie qui rassure. Faut-il absolument mettre tout le monde d'accord ?

43 – Les découvertes capitales (l'inspiration)

Le mental acoustique qui a peur du rejet

Je l'appelle « la troisième oreille », comme le troisième œil. La porte qui entend ce qu'on ne dit pas. Cette porte, c'est le génie ou le fou. On ne sait jamais trop si nos idées ne vont pas être beaucoup trop perchées. La peur de paraître insensé·e peut bloquer le *process*, en plus de la peur de ne pas réussir à s'expliquer, à être compris·e.

17 – Les opinions

Le mental logique et visuel (œil droit) qui a peur du défi

Transformer une idée en opinion, c'est lui donner une valeur, une forme de certitude. On peut avoir peur de voir ses opinions mises au défi et de ne pas avoir tous les détails pour les appuyer.

Bien entendu, chacune de ces portes a aussi une expression positive, donc je te prie de calmer ce mental agité et de te détendre physiquement.

La gorge

BLABLABLA
Je DOIS bien avoir un truc à dire !
Il faut que je dise quelque chose, là, maintenant !
Sinon je ne sers à rien.
BLABLABLA
ALLEZ, DIS QUELQUE CHOSE !
BLABLABLA
Vas-y, je t'écoute...

La gorge est un centre de création, une plaque tournante de l'information. C'est là où les rêves et les actions cherchent à se réaliser. C'est un centre où tout peut arriver.

Donc il ne s'agit pas que de la parole, mais de l'expression sous toutes ses formes : par la voix, mais aussi par l'écrit ou par l'action. TOUT ce qui se trouve dans un Design cherche une sortie par le centre de la gorge, par une expression ou une manifestation.

Ce centre abrite la glande thyroïde qui régule notre métabolisme et notre sentiment de bien-être.

Gorge définie

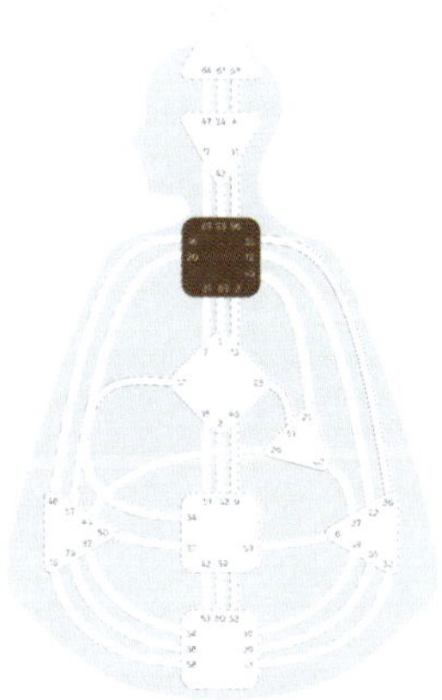

Tous les chemins mènent à la gorge.

71 % de la population.

Gorge non définie

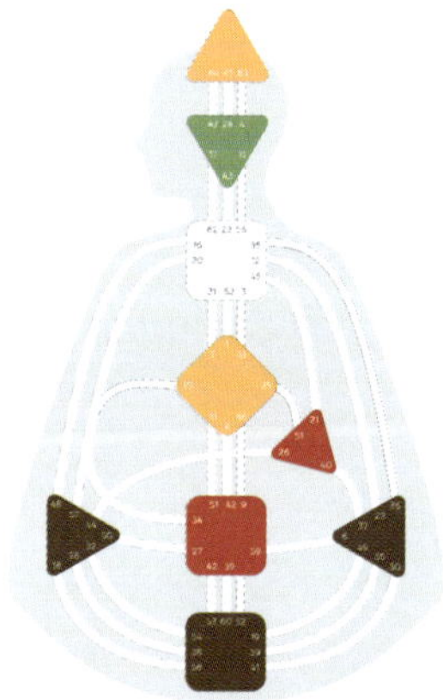

Le silence est d'or.

29 % de la population.

Ta gorge définie garantit une puissance d'expression

Il n'y a aucun doute sur ta capacité à t'exprimer. En revanche, ce qui est particulier avec ce centre, c'est que le QUOI et le COMMENT dépendent des autres centres et de leurs liens entre eux.

En fait, toutes les énergies vont chercher une sortie à travers ce centre. Donc, quand un centre défini est connecté à la gorge, ça va s'exprimer.

Pour rappel, un centre défini est un centre qu'on maîtrise et sur lequel on peut compter, tandis qu'un centre non défini est soumis aux influences de l'extérieur.

Ainsi, une personne ayant le centre des émotions connecté à la gorge dit ce qu'elle ressent. Si c'est le centre G, elle exprime sa vérité.

Ce qui est notable aussi, c'est que si ta gorge n'est connectée qu'à un seul centre défini, il y a fort à parier que ce sera ton style d'expression le plus sûr et le plus fiable (pas forcément le seul parce que l'aura et les transits, t'as vu…).

Il faut donc être attentif à ces connexions.

Avec une gorge définie, il n'est pas très difficile pour toi de convaincre en suivant bien ton type et la connexion de ta gorge.

Moi par exemple, j'ai les centres du cœur du soi définis et connectés à la gorge, donc j'exprime facilement mes désirs et je parle de moi.

La gorge définie s'exprime avec clarté et sa parole crée l'action. C'est forcément une personne qui peut influencer par sa prise de parole. Auteurs, conférenciers, professeurs, avocats, tribuns…

Le piège, c'est qu'on attire aussi l'expression des autres, car le centre défini va conditionner les personnes ayant le même centre, mais non défini. Résultat, parfois sans le savoir, ils ne vont pas chercher à discuter mais à s'exprimer dans tes oreilles. La gorge définie agit comme un aimant à confidences et à bavardages. Il faut juste en être conscient·e et rediriger la personne vers un usage plus *smooth* de sa gorge non définie.

Les questions à se poser

- Est-ce que je laisse la parole aux autres ? Est-ce que j'invite les autres à s'exprimer également ou bien dominé-je les conversations tel un petit Kim Jong-un des dîners mondains ?
- Quels sont les thèmes des portes, des canaux ou des connexions avec d'autres centres dans mon schéma et comment je les utilise, déjà ? Ou sinon, comment je peux les utiliser ?
- Est-ce que je respecte le pouvoir de ma parole en m'exprimant avec ma voix authentique ?
- Quelles histoires je raconte régulièrement sur moi et sur ma vie ? Est-ce que ce sont celles que je veux vraiment raconter ? Servent-elles la direction que je veux prendre ? Est-ce que je les partage au bon moment ?
- Est-ce que je suis ma stratégie lorsqu'il s'agit d'entrer en communication et de passer à l'action ?

Les connexions de la gorge

Si ta gorge est connectée au soi : pour convaincre, tu peux puiser les leçons de la vie et les transmettre.

Ce qui signifie que tu t'exprimes plutôt en parlant de ton vécu, en filtrant par ton expérience de vie. Si c'est le seul centre connecté à la gorge, tu aimeras beaucoup tenir une argumentation fondée sur ton expérience personnelle. Le risque étant que tu considères ta vérité comme étant la seule.

Ainsi, quelle que soit la forme d'expression que tu vas choisir (parole, écrit, art quelconque), en relatant ton vécu sans forcément en tirer des leçons du mental, tu auras plus d'impact.

Si ta gorge est connectée à la rate : convaincre en laissant ton art s'exprimer.

La rate étant le centre de l'instinct et de l'intuition, il s'agit donc de l'expression d'un talent artistique ou intuitif. Tu vas donc t'exprimer spontanément à partir d'une connaissance intuitive du moment présent.

Si ta gorge est connectée à l'intellect : dire ce que tu conçois et donner le résultat de tes réflexions.

L'intellect étant également le lieu des croyances, tu pourras aisément tenir une conversation philosophique ou religieuse. Si encore une fois c'est ta seule connexion, tu seras plutôt du genre à tenir tes argumentations sur le raisonnement intellectuel.

Même si tu parles de croyances personnelles, tu expliqueras souvent ton point de vue en partageant ta réflexion, plus rarement en faisant appel à l'émotion, au vécu ou à l'expression de ton être.

La capacité à agir plutôt qu'à parler devient naturellement possible lorsque le centre de la gorge est relié par une définition à un centre moteur (ce qui fait de toi un manifesteur ou un GM).

Si ta gorge est connectée au cœur : pour convaincre, sors le grand « je ».

Une gorge reliée au centre du cœur parle au « je », comme dans « je veux cela, j'ai cela, je vais faire cela ». Le cœur est le centre de l'ego et de la volonté. Parle avec ton cœur !

Si ta gorge est connectée au sacral : le « hmmm » et le « hum » ou le simple OUI et NON.

Une gorge reliée au centre sacral parle et agit sur les sons réceptifs du sacral. Les fameux sons (qui peuvent aussi être un « han » positif ou un « hmmm » négatif) que tu as pu identifier dans ton type de générateur.

Si ta gorge est connectée aux émotions : comme tu le sens.

Une gorge reliée au centre du plexus solaire va parler à partir d'émotions et de sentiments.

EN RÉSUMÉ

✦ Une capacité à prendre la parole ou à agir fondée sur des stimuli qui sont à peu près toujours les mêmes. ✦

✦ Ces stimuli vont être mis en lumière par les centres connectés à ta gorge. ✦

✦ En prenant la parole ou en décidant d'agir sans tirer de leçon du mental, ton action ou ta parole seront plus justes. ✦

✦ Quand tu ne sais pas quoi dire, tu ne te sens pas spécialement en situation de faiblesse. ✦

✦ Tu peux aider les autres en les faisant parler. ✦

Ta gorge non définie ne parle pas aux autres, mais elle parle des autres

Si tu es générateur, cette gorge non définie te demande d'attendre le moment propice, l'occasion qui fera réagir ton sacral et fera de toi une source infinie d'énergie créatrice.

Si tu es projecteur ou réflecteur, cette gorge non définie te demande d'attendre l'invitation à t'exprimer qui fera de toi une source infinie de sagesse.

C'est pour ça que c'est si difficile pour toi de créer seul·e. Écrire, par exemple, est un processus solitaire. Tu éprouves de grandes difficultés à transmettre une pensée claire lorsque tu es seul·e.

Tu as besoin des autres, et notamment d'une personne ayant la gorge définie pour y puiser ta capacité à exprimer tes idées. Dans un environnement propice, tu deviens un tribun impossible à stopper, capable de dominer la conversation, d'interrompre et de prendre le *lead*.

Ton pouvoir de captation est tel que deux personnes qui te posent la même question peuvent obtenir deux réponses complètement différentes, voire contradictoires.

Tu fais partie de celles et ceux qui utilisent l'énergie de leur audience. À utiliser avec soin, car cet atout te permet de donner aux autres ce qu'ils attendent, de te caler sur leur ton et leur émotion. Tu es un maître en PNL !

Comme pour honorer ton type, ici aussi le secret est d'attendre le moment propice ; lorsque celui-ci se présente, tu deviens poète, tribun, conteur·euse, oracle, prophète ou génie de l'Actors Studio.

Sinon, tu vas te retrouver à parler pour ne rien dire ou pour qu'on t'entende, ce sera mal reçu et tu prends le risque de goûter à la frustration / amertume / colère / déception (je te laisse trouver le type correspondant).

C'est le non-soi de ta gorge non définie.

- Ta capacité à amplifier l'expression des autres à 200 % te permet de te mettre dans leur peau et de savoir quoi leur dire et comment.
- N'essaie jamais d'attirer l'attention et embrasse ta stratégie pour prendre la parole au bon moment.
- Trouve en toi le moyen d'apprécier la tranquillité. Centre conçu pour rester calme et garder le silence, jusqu'à ce qu'on lui adresse la parole.
- Tu n'es pas fait·e pour combler le silence ou savoir à l'avance ce que tu vas dire et comment, car ta spontanéité s'en occupe pour toi.

Adaptation et spontanéité *versus* **impulsivité, masques et fausseté.**

LA GORGE OUVERTE

Lorsqu'il n'y a aucune porte activée, ton autre dimension :

- A d'innombrables façons de s'exprimer.
- A une capacité à dire ce que l'autre veut entendre et à copier son expression.
- Risque de se perdre soi-même et perdre en crédibilité.

EN BIEN : une gorge complètement ouverte est une chose assez rare, car le centre de la gorge comporte onze activations potentielles. Forcément, quand on n'en a aucune, il va falloir lâcher prise sur son côté spontané et flexible. OK, ça change tout le temps. Le secret est de s'appuyer sur son autorité, d'accord on commence à comprendre. Tu as aussi une capacité à reconnaître l'authenticité et l'origine des paroles des autres pour les aider à se reconnecter à leur propre autorité.

EN PAS BIEN : tu ne sais jamais vraiment ni quoi dire ni quoi faire. Résultat, tu peux chercher à attirer l'attention en permanence ou te taire à jamais. C'est particulièrement visible chez les enfants, et notamment les tout-petits qui apprennent à parler.

Tu peux aussi carrément perdre ta propre voix pour emprunter celle de quelqu'un d'autre et finir par dire n'importe quoi à n'importe quel moment, en finissant par développer un *mindset* de saule pleureur et les fonctions thyroïdiennes d'une branche morte (analogie forestière).

Guérison du non-soi

Écoute et tu seras entendu·e ! La tentation de ne pas attirer l'attention tire la bourre à l'amplification de l'incitation à agir qui règne chez les gorges définies, te poussant à interrompre les autres ou à tenter de mettre de l'ambiance lorsque c'est un peu mou. Hélas, chez toi, c'est bien souvent imprévisible ou mal reçu, et tu pourrais finir par ne plus arriver à parler.

La croyance associée : si je ne dis pas ce qu'il faut, je n'obtiendrai pas ce que je veux.

Le dialogue intérieur : je DOIS bien avoir un truc à dire ! Quelqu'un me remarque-t-il ? Si je dis cela, on va me remarquer ?

Le symptôme visible : la peur de disparaître, la peur d'être invisible et de ne pas avoir de poids. En métaphysique, ça rappelle l'arbre qui tombe. Si personne n'est là pour l'entendre, fait-il du bruit ?

Le symptôme invisible : POURQUOI je veux qu'on m'entende ? Car j'ai peur de devenir SOURD·E.

Le paradoxe du sourd-muet : l'archétype du malentendant qui n'écoute personne et parle trop fort se bagarre avec l'archétype du stoïque pour qui le silence est d'or.

La guérison : apprendre à ÉCOUTER te permettra de cesser de chercher à contrôler tes propos et de laisser venir ton expression spontanée.

Superpouvoir : PNL *master*, tu t'adaptes à ton interlocuteur·rice pour lui dire les bonnes choses de la bonne manière.

Les portes de la gorge

Chaque porte représente une voix.

Trois portes pour communiquer :

- **62 – La porte du détail**
  Elle dit : « Je pense ou je ne pense pas » en s'appuyant sur des détails ou des faits.

- **23 – La porte de l'assimilation**
  Elle dit : « Je sais ou je ne sais pas » en expliquant ses idées ou son inspiration.

- **56 – La porte du nomade (ou de la stimulation)**
  Elle dit : « Je crois ou je ne crois pas » en s'appuyant sur des récits vus ou entendus.

Une porte pour identifier :

- **16 – La porte du discernement (ou du talent)**
  Elle dit : « J'ai expérimenté donc j'ai identifié (ou pas) » en utilisant sa capacité à maîtriser un sujet par l'usage.

Deux portes pour agir :

- **35 – La porte du progrès (ou du changement)**
  Elle dit : « J'ai ressenti un changement (ou pas) » en progressant grâce à l'expérience.

- **12 – La porte de l'immobilité (ou de la prudence)**
  Elle dit : « Je n'essaie que si je suis d'humeur » en restant toujours un peu circonspecte face aux autres.

Une porte pour l'action individuelle et l'identité :

- **20 – La porte du moment présent**
  Elle dit : « Je suis inscrite dans le moment présent » en créant une clarté instantanée pour guider l'action ou la parole.

Une porte pour l'action volontaire :

- 45 – La porte du régent (le roi ou la reine)
  Elle dit : « Je possède ou je ne possède pas » en assumant le maintien des ressources matérielles et intellectuelles.

Trois portes pour s'identifier :

- 31 – La porte de l'influence (ou du leader)
  Elle dit : « Je sais où aller » et donne la direction, tel un leader élu pour son influence.
- 8 – La porte de la contribution
  Elle dit : « Je sais que je peux apporter une contribution (ou pas) » en donnant envie de la suivre grâce à son style unique et son expression personnelle.
- 33 – La porte du repli (ou du bilan intérieur)
  Elle dit : « Je me souviens ou je ne me souviens pas » en partageant les leçons du passé.

Le centre G (le soi)

Aaah, le soi. La direction, l'amour, l'identité.

L'amour de soi. Situé au centre de la carte, il aligne, il met en harmonie. Il est donc là pour nous guider, mais aussi pour nous indiquer nos limites et nous amener à les respecter.

Il abrite toutes les formes de l'amour : l'amour universel, spirituel, fatal, physique…

C'est ici le centre de la vérité sur nous-mêmes, la plaque tournante de la créativité qui va relier l'inspiration et son expression et les faire descendre dans le cœur.

Il est relié au foie / à la foi.

Le foie est le siège de l'âme dans le corps. Il en est le symbole. C'est ici que notre sang est purifié. Il filtre les informations et dès lors qu'il est congestionné, il va augmenter le niveau d'intolérance avec tout ce qui va arriver dans la vie et empêcher la transformation des événements / nutriments en expériences de vie. C'est le siège du monopole magnétique et de l'identité. La boussole intérieure du corps. Attire l'amour et la beauté sur notre chemin de vie.

Soi défini

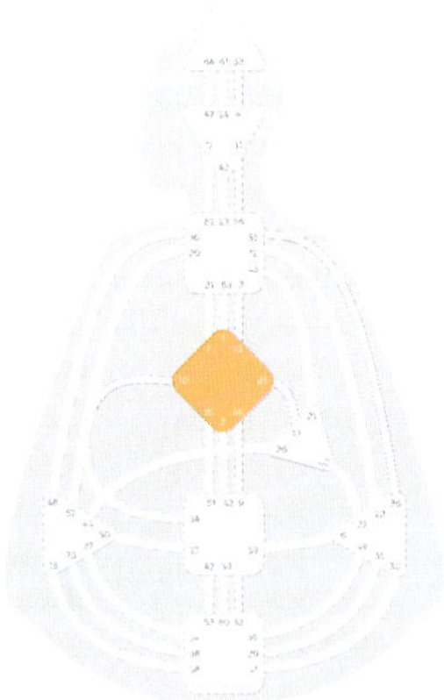

Je sais qui je suis et je sais où je vais.

46 % de la population.

Soi non défini

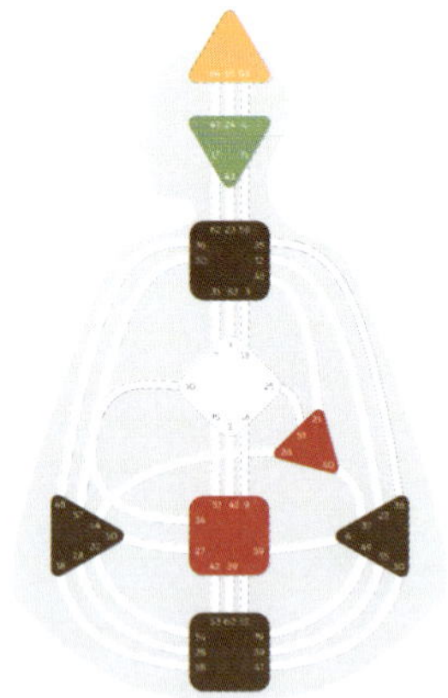

Go with the flow.

54 % de la population.

Ton centre G défini affirme une identité

Ta personnalité est affirmée et pleine d'assurance. Même si tu penses l'inverse et même si ça ne se voit pas. C'est une boussole interne qui te ramènera toujours à ton chemin personnel.

Cela paraît une situation idéale. Qui voudrait avoir un chemin de vie tout flou et non défini ?

Mais cela ne vient pas sans risques : le fait d'avoir un soi défini fait de toi un guide, un exemple, une énergie qui te pousse à aider les autres et à les guider au risque de perdre ton propre chemin. Lorsque ça arrive, tu peux te retrouver dans un état d'anxiété insurmontable.

Le soi défini n'est pas fait pour les hésitations.

C'est le plus énorme piège du soi défini car ces hésitations peuvent rendre fou. SAVOIR qu'il existe une voie et ne pas la trouver, c'est le chemin de la frustration, la colère ou l'amertume (ennemi mortel de ton type) et le plus court vers l'enfer.

Lorsque tu es sur ton chemin, ta conviction et ton engagement sont inébranlables.

Pièges et pouvoirs du centre G

- Ne doit pas réprimer son identité pour faire plaisir aux autres, cela pourrait provoquer une dépression.
- S'il ne se connaît pas lui-même, il peut se sentir similaire au centre G non défini.
- Ne s'attache pas aux autres par peur de perdre l'amour.
- Identité fixe et fiable, potentiel facilité pour l'amour, direction de vie fiable.
- Sait comment et dans quelle direction progresser.
- Possède la capacité d'aimer et de réconforter autrui.

EN RÉSUMÉ

L'identité est fixe et fiable. Elle est là, tout simplement.

Tu es guidé·e, la direction est là ; tu peux douter du chemin mais pas de la destination.

Tu peux réfléchir à des choses comme la nature de l'évolution et toutes ces sortes de choses.

Tu peux rassurer les autres en ce qui concerne la direction à suivre.

Ton centre G est non défini, c'est le contexte qui révèle qui tu es

Attention, j'ai pas dit qui définit qui tu es, j'ai dit qui révèle !

C'est très difficile d'avoir une boussole intérieure et un sentiment d'identité avec un soi non défini. On peut avoir l'impression de toujours s'adapter, d'être le miroir de ceux qu'on rencontre. On peut déplorer d'avoir une direction de vie un peu changeante. Le danger, c'est d'y attacher une croyance limitante.

En vérité, cette caractéristique offre une perspective sans limites.

Une compassion qui permet de se connecter avec tous les êtres humains du monde.

Le caméléon change son apparence pour se fondre dans le décor, mais il ne devient pas le tigre #PointPunchline.

Si tu gardes une distance sereine, tu éviteras de succomber à la détermination et au conditionnement de ton interlocuteur. Accueille ce don et laisse-toi guider, et tu seras un·e super-conseiller·ère pour toutes les personnes qui sont trop absorbées par elles-mêmes pour y voir clair. La clé va être de construire un entourage bienveillant qui va te tirer vers le haut, des gens au soi défini en qui tu as confiance et qui vont t'inspirer, te valoriser et conforter tes repères.

Quand je te dis que l'environnement révèle qui tu es, cela ne fait pas de toi une personne influençable, ça dit juste que **sur le plan énergétique**, ton centre G se connecte à l'autre, et que si tu te laisses conditionner, tu prends le risque de :

- entrer dans des relations de dépendance ;
- te perdre en expérimentant l'amour et la direction à travers le centre G défini. S'accrocher pour ne pas le perdre ;
- faire des rencontres fâcheuses, voire nuisibles.

C'est le non-soi de ton centre G non défini.

- Une fois que tu as posé la question : « Suis-je au bon endroit ? », c'est ta souveraineté personnelle qui revient.
- Très sensible à ton environnement, tu es capable de savoir si un groupe ou un lieu sont bénéfiques.
- La clé est d'autoriser l'autre à nous montrer la direction à suivre sans pour autant s'attacher. Accepter l'inconnu.
- La sagesse est de reconnaître sa propre direction après beaucoup de vaines tentatives.

Si je suis au mauvais endroit,
je suis avec les mauvaises personnes
versus
je reconnais les gens qui se sont perdus sur leur chemin.

LE SOI OUVERT

Lorsqu'il n'y a aucune porte activée, ton centre blanc te donne une autre dimension.

- Tu es un mystère même pour toi-même !
- Une grande liberté de définir ton identité au gré des besoins et des rencontres.
- Risque de se suradapter pour être aimé.
- Une capacité à voir l'unicité de chacun.

EN BIEN : cela peut te prendre un peu de temps pour comprendre à quel point tu es unique et pour trouver ton orientation. Ça va forcément passer par une vaste expérience, beaucoup de rencontres et une compréhension fine et variée de la nature humaine. Comprendre la façon dont les gens s'aiment (ou pas) sera pour toi libérateur de ta propre capacité d'amour. Tout simplement parce que tu ne fais pas de différence entre l'amour universel, l'amour qui fait des bisous et l'amour de soi. L'amour, c'est de l'amour, c'est tout. Gros potentiel de sagesse ici.

EN PAS BIEN : bah, donc au début ça va être un peu la foire de l'adolescence éternelle. Tu vas avoir du mal à trouver des traits de personnalité clairs et identifiables. Tu vas regarder les gens qui sont très reconnaissables en te disant : « Mais POURQUOOIII pas moi ? », et tu vas te sentir un peu flottant·e. Donc devenir les autres pour leur plaire. Malléable, manipulable (ou manipulateur·rice), ton mental va te faire céder ton autorité à une figure... d'autorité.

Guérison du non-soi

Tout est amour. Si tu succombes au conditionnement, tu pourrais forcer la route du soi : créer une détermination à savoir et affirmer qui tu es, un peu trop fort. Tu n'as pas besoin d'être puisque tu es déjà, et quelque chose en toi te le crie, mais le conditionnement, *ouaich*.

La croyance associée : si je ne sais pas qui je suis, je ne saurai pas me faire aimer.

Le dialogue intérieur : je DOIS prouver qui je suis ! Que vais-je faire de ma vie ? Où est mon âme sœur ? Dois-je aimer une personne parce qu'elle peut m'éclairer sur la direction à donner à ma vie ?

Le symptôme visible : la peur de ne pas être aimé·e ou de ne pas savoir pourquoi on t'aimerait, ce qui rend l'amour inexcusable, inacceptable.

Le symptôme invisible : au fond, il y a la peur de ne pas savoir aimer les autres.

Le paradoxe de l'érotomane : l'érotomane a l'air de se croire aimé de tous pour camoufler le fait qu'il ne se sente aimé de personne ; il cherche à se rassurer en permanence, et en face, il y a l'archétype de la mère supérieure qui le traite de catin : « Comment peux-tu te suradapter comme ça ! Sois fier, tu n'as pas besoin d'eux. »

La guérison : donner l'amour de manière inconditionnelle. Voir l'amour en tout et en tou·te·s. Comprendre que MÉRITER, c'est vouloir et que vouloir, c'est aimer.

Superpouvoir : tu as en toi la capacité de le voir et de reconnecter les autres à leur féminin sacré.

Les portes du centre G

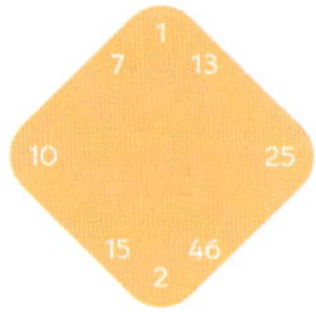

Chaque porte du centre G porte un rôle qui t'aide à te définir.

Les portes de la direction :

- **1 – La porte de la créativité**
  L'expression de soi dans le moment présent. L'acte créatif en tant que tel.
- **13 – La porte de l'écoutant**
  L'écoute des secrets et des histoires des autres, le regard tourné vers le passé.
- **7 – La porte de l'uniformité (le rôle du soi)**
  Le rôle de l'autorité (l'autorité en la matière, pas l'autorité qui te donne des ordres) avec le regard tourné vers le futur.
- **2 – La porte de la réceptivité (le savoir supérieur)**
  La guidance. Pile au milieu du monopole magnétique*, où toute action ou décision est portée par la direction de vie.

Les portes de l'amour :

- **15 – La porte des extrêmes (l'humilité)**
  L'amour de l'humanité qui permet l'acceptation de tous les extrêmes.
- **10 – La porte du comportement (la bonne conduite)**
  L'amour de soi, de ce que l'on est en toutes circonstances.
- **25 – La porte de l'innocence (la nature du soi)**
  L'amour universel. La candeur, l'innocence qui reste intacte malgré les aléas de la vie.
- **46 – La porte de la sérendipité (la détermination du soi)**
  L'amour à travers le corps physique, qui donne la capacité de se trouver au bon moment au bon endroit.

---

* Pour rappel, le monopole magnétique est ton schéma final : le mariage de ton Design et de ta personnalité (le rouge et le noir), comme expliqué en introduction.

Le cœur/ ego

Tu DOIS ranger ta chambre !
Je DOIS ou je PEUX ?
Tu… je VEUX que tu ranges ta chambre !
Tu veux que je la range ou tu veux qu'elle soit rangée ?
Je sens surtout que je PEUX te confisquer ton portable et que je VEUX vraiment le faire alors…
C'est bon, c'est bon, je vais ranger ma chambre.

Le centre qui harmonise la volonté et l'ego

Le cœur / ego est l'un des quatre centres moteurs qui nous poussent à nous engager dans la vie. Le cœur / ego nourrit nos désirs et notre volonté, tout en tâchant de les harmoniser avec nos valeurs.

La fortune, le pouvoir et le prestige sont tous reliés à ce centre. On pense qu'ils sont les produits de l'esprit, mais en réalité, l'abondance est une énergie qui est reliée de près aux souhaits du cœur. Même (surtout) l'abondance financière.

Ce centre est en connexion avec le cœur (*obviously*), mais aussi l'estomac et la vésicule biliaire.

Ce sont tous des organes fonctionnels qui mettent en lumière l'harmonie de la vie et qui peuvent créer de graves dysfonctionnements s'ils ne sont pas alignés. On y retrouve notamment le stress, la pression de la réussite financière et professionnelle, le surmenage…

Cœur défini

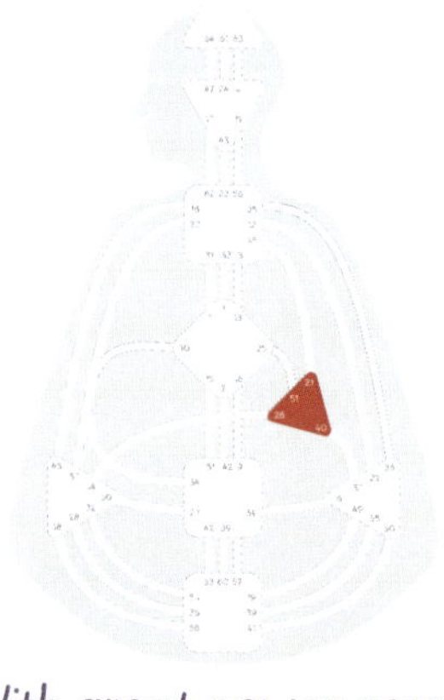

With great power comes great responsibility.

35 % de la population.

Cœur non défini

Seulement si le cœur y est !

65 % de la population.

Ton cœur défini fait de toi un Avenger

Statistiquement, nous sommes peu, et heureusement car c'est l'atout des super-héros. Une volonté de fer et le pouvoir de réaliser en quelques minutes une tâche qui demande des heures avec la capacité d'y mettre tout son cœur et son courage. Une bravoure à toute épreuve.

Ne signe pas les accords de Sokovie !

Tu ne dois pas laisser les autres décider de tes combats pour toi !

Quand tu t'engages, tu dois t'assurer de le faire pour ce qui te tient « à cœur ».

With great power comes great responsibility (envers toi-même).

Ce centre défini te permet de prendre une place que toi seul·e peut prendre. Une place qui fera des envieux·se, des incrédules, qui fera jaser, qu'on remettra en question et qu'on passera au crible. Tu as le pouvoir de rester droit·e dans tes bottes en sachant que tu es pourtant la seule personne à pouvoir prendre cette place. Une fois aligné·e, tu peux convaincre et galvaniser. Prends soin de comprendre que chacun·e a son rythme et ne te laisse pas agacer par l'inefficacité des autres qui pourrait te faire passer pour arrogant·e.

Le plus gros risque du cœur défini, c'est de FAIRE les choses parce que tu DOIS ou parce que tu PEUX ou parce que tu penses qu'on attend de toi que tu le fasses. Alors tu ne respectes pas ta stratégie et ton autorité, et v'là le non-soi !

Ton défi : te respecter (ta stratégie ET ton rythme physique) pour que les autres (non définis autour de toi) puissent en faire autant.

EN RÉSUMÉ

Tu sais ce que tu veux et t'as une idée assez précise de comment l'obtenir (le reste dépend des autres centres).

Tu peux avoir tendance à utiliser ces capacités pour prendre des décisions et faire des choses parce que tu le peux ou tu le veux.

Quand tu prends une décision, tu t'y tiens, alors sois attentif·ive à avoir bien choisi.

Tu peux aider les autres à savoir ce qu'ils veulent, sauf si tu les conditionnes à faire ce que tu veux (bien entendu).

Ton cœur non défini ne s'entend pas avec les standards de la société

Le pire client pour les spécialistes de la motivation !

Nous ne sommes pas tou·te·s des locomotives. Nous n'avons pas tou·te·s « à cœur » de savoir ce qu'on recherche dans la vie et que faire de notre volonté.

Le cœur non défini doit s'éloigner de l'ego. Tu n'as rien à prouver.

C'est d'autant plus dangereux qu'un cœur non défini peut devenir un compétiteur féroce, car il ne se rend même pas compte que le cœur n'y est pas ; il ne fait que répondre aux sollicitations du monde qui l'entoure et déploie une énergie folle à viser un objectif complètement stupide qui ne va pas lui servir.

Le pire qui puisse arriver étant de se mettre en situation de compétition et d'échouer quand même, car notre volonté propre n'est pas assez constante.

C'est le non-soi de ton cœur / ego non défini.

Comme pour le centre G, cette capacité d'ouverture du cœur fait de toi le meilleur miroir des valeurs de l'autre : contente-toi de les observer et de les refléter sans avoir besoin de prouver par des actions que tu les partages.

Ta vérité réside dans cette flexibilité qui te permet de guider les autres vers ce qu'ils veulent dans la vie, grâce à ta capacité à rester objectif·ive dans tous les aspects de la vie.

Les questions à se poser

- Est-ce que j'en ai vraiment quelque chose à faire de cette histoire ?
- Ai-je à cœur de juger quelqu'un ?
- Ai-je à cœur de l'aider ? Le motiver ? Le soutenir ?
- Suis-je en train d'essayer de prouver ma valeur ?

Envie, désir, motivation *versus* besoin, ego, peur, obligations.

LE CŒUR OUVERT

Lorsqu'il n'y a aucune porte activée, ton centre blanc te donne une autre dimension.

- Personne généreuse à l'extrême, incapable de donner une valeur à la vie, même pas à la sienne. Une modestie sincère.
- Ouvert·e, sincère, modeste et constamment déconcerté·e par les gens qui te trouvent formidable. C'est quoi leur problème à ces gens ?
- Tu peux rencontrer des difficultés à estimer la valeur de ton travail, à fixer des tarifs ; il faut pour cela te rapprocher de l'entourage.
- EN BIEN : un potentiel de sagesse fou sur tout ce qui concerne la valeur, le mérite, la dignité. Ce sont des domaines qui ont un impact très fort sur les autres centres (les émotions, l'amour de soi...). Alors, quand le cœur ouvert comprend qu'il peut distinguer la vraie loyauté de l'hypocrisie et de notre rapport à l'argent, au pouvoir, à nos capacités tout simplement... quelle sagesse ! Quelle liberté ! Encore faut-il arriver au moment où tu sais que tu n'as rien à prouver et que tu fais confiance à ta stratégie et à ton autorité pour définir tes besoins (bonne chance !).
- EN PAS BIEN : sans aucune porte à laquelle se fier, il n'y a aucun moyen de SAVOIR ce que signifie exactement « avoir » de la valeur. C'est quoi la valeur ? Ça se mange ?
- On se retrouve facilement ici avec des sentiments extrêmes et totalement égotiques qui vont de « je suis le roi du monde » à « je ne vaux rien, je suis une merde ».
- Ce ne serait pas plus grave que ça si ça ne poussait pas les personnes au cœur ouvert à en faire trop pour se sentir suffisantes. Ce qui les rend manipulables, et puis ça fatigue un peu aussi. Alors sacral ou pas sacral : *burn-out is assured.*

Guérison du non-soi

TOUT est JUSTE. Pas de volonté, pas de valeur à défendre, pas de désir profond… Qu'est-ce que cela dit de toi ? Le conditionnement te pousse à prouver ta valeur, à défendre des causes et à faire preuve d'une volonté qui ne serait alimentée que par l'ego et la peur.

La croyance associée : je n'ai pas assez de valeur et de volonté.

Le dialogue intérieur : je dois être brave ! Je dois être à la hauteur, je dois être digne, je dois prouver ma valeur. Sinon, je ne vaux rien.

Le symptôme visible : peur d'être laissé·e de côté, d'être dédaigné·e.

Le symptôme invisible : au fond, il y a la peur de juger les autres et de les dédaigner s'ils n'ont pas assez de valeur à nos yeux.

Le paradoxe de *La Belle et la Bête* : le prince dédaigneux, qui a tout et ne mérite rien, devient une bête qui doit prouver sa valeur et sa bonté de cœur. Une fille qui a tout pour elle mais un sens du devoir débile se retrouve en face de lui, et l'effet miroir fait son petit effet. Ils apprennent à s'aimer : *best case scénario*. En toi vivent la Belle, valeureuse, brave, pauvre de biens mais riche de cœur et la Bête, moche, agressive, sans trop de conscience, riche de biens mais seule et pauvre.

La guérison : rien à prouver, tout est juste. Remets un peu de ton pouvoir entre les mains de Dieu ou de l'univers, et laisse-toi faire : tout est juste, ta valeur existe avec ou sans tes actions.

Superpouvoir : tuer l'ego en faisant comprendre aux autres que la valeur n'est rien ; la valeur existe en tant que telle, par l'existence, et elle dépend de l'autre, pas de soi-même.

Les portes du cœur / ego

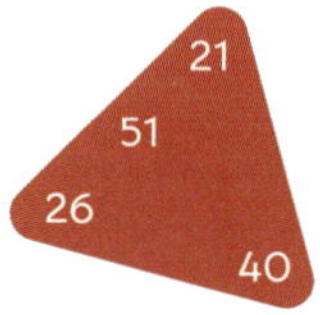

Chaque porte représente un besoin, une force.

- **21 – La porte du contrôle (le chasseur)**
  Liée au muscle cardiaque, elle a besoin de contrôler les circonstances.
- **51 – La porte de l'audace (le choc)**
  Liée à la vésicule biliaire, elle a besoin d'être la première, de gagner la compète.
- **26 – La porte de l'accumulation (l'égoïste)**
  Liée au thymus (qui gère les globules blancs), elle a besoin d'être récompensée, c'est la *marketing queen*.
- **40 – La porte de la délivrance (la solitude)**
  Liée à l'estomac, elle a besoin d'assurer, d'approvisionner et de distribuer les ressources.

La rate (le splénique)

C'est l'homologue des émotions encadrant le sacral.

C'est un des trois centres de la conscience, et il fonctionne comme un mécanisme de survie intégré. Mais qui dit survie dit aussi la capacité à profiter de la vie dans le moment présent.

C'est un centre sensoriel, comme un radar interne qui fonctionne sur l'intuition, l'instinct et le goût.

Il abrite nos peurs les plus profondes mais aussi leur compréhension. En anglais : le *SPLEEN* !

C'est notre caisse de résonance : celle qui va scanner le son d'une voix, la vibration d'une personne et réagir de manière instinctive, avec les sens. Toujours dans un but de survie.

En toute logique, c'est le centre du système immunitaire.

Rate définie

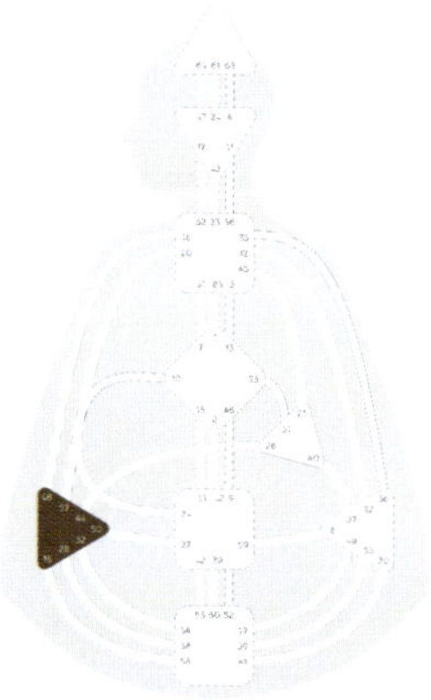

Moitié garde du corps, moitié guérisseur.

53 % de la population.

Rate non définie

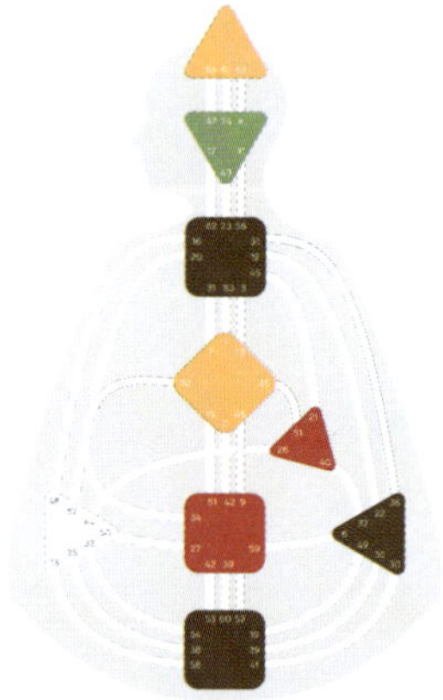

Le reflet des peurs du monde.

47 % de la population.

La rate définie est la reine de la survie !

Les personnes ayant une rate définie sont de nature spontanée et intuitive, réagissant plus facilement à l'instinct et à l'impulsion du moment qu'à la rationalité et aux conventions sociales.

Tu as une sensibilité naturelle à ton environnement et surtout quand ça ne sent pas bon, car c'est là que tu entres en alerte.

Cette nature sauvage te rend rayonnant·e, respirant le bien-être, lumineux·se et chaleureux·se.

Tu respires la santé et la santé est ta nature.

Tu as une présence rayonnante soutenue par un sens de l'humour vif et cassant que tu sais utiliser pour construire ou pour dénoncer la moindre ambiance délétère.

Tu as l'esprit vif et souvent beaucoup d'humour, ainsi que des réflexes naturels qui surgissent en un claquement de doigts.

Tu peux aussi sauter à la gorge d'une personne si tu sens une menace.

Naturellement, tu sens les environnements, et il peut te prendre l'envie de te barrer en courant. Ben fais-le !

Ces alarmes s'appliquent à tous les environnements et n'indiquent pas forcément du danger, mais quelque chose qui ne résonne pas et qui ne convient pas à ta nature.

Tu es comme le vibranium : un métal légendaire, invincible, adaptable, vibrant ; il entre en résonance avec ce qui l'entoure et se transforme. Ainsi, dans un environnement désagréable, ton système immunitaire à toute épreuve s'effondre et tu peux tomber malade.

Ce mécanisme de survie toujours actif peut se révéler un vrai handicap : selon les portes activées dans ce centre, il peut faire de toi une personne pétrie de peurs, calculant tous les risques et en alerte permanente.

Le risque ? Virer parano et vivre comme un chaton effrayé.

La solution : embrasser le moment présent et se faire confiance.

EN RÉSUMÉ

✦ Un capacité naturelle à savoir ce qui est bon et sain et ce qui ne l'est pas. Système d'alerte digne de Spiderman. ✦

✦ Un instinct sûr et rapide qui surgit en un instant ; la rate envoie des intuitions comme des messages dans l'oreille. ✦

✦ La rate est de nature peureuse, et si tu ignores l'intuition de tes sens, tu tomberas malade. ✦

✦ Avec un système immunitaire digne de la Garde royale, la maladie n'est jamais autre chose que le signe d'une intuition non écoutée. ✦

Ta rate non définie reflète et magnifie les peurs du monde qui l'entoure

Les rates définies (pas toi donc) sont pétries de peurs instinctives et doivent apprendre à écouter leurs signaux sensoriels pour sortir de chez elles sans craindre de mourir. Dans ton cas, c'est plus compliqué, car ta rate se connecte aux peurs du monde. Il n'y a donc aucune logique, rien à quoi se rattraper ou se connecter et ça peut vite te submerger.

Eux (ceux qui ont la rate définie), au moins, ils reçoivent une information, ils savent de quoi se méfier. Toi, tu ne sais pas pourquoi tu as peur. C'est encore plus effrayant !

Si nous savons que les centres non définis amplifient les capacités des centres définis, tu auras donc compris pourquoi la rate c'est compliqué. C'est la peur que tu amplifies.

Enfin, que tu crois, car en réalité c'est l'instinct, l'information que tu amplifies.

Cela peut te conduire à oublier ta peur, la transcender et t'amuser à te mettre en danger lorsque tu es en compagnie d'autres personnes. Par défi, pour d'amuser, tu peux prendre des risques pour tester ta capacité de survie avant de soudain te mettre à trembler.

C'est le non-soi de ta rate non définie.

Enfin, que tu crois, car en réalité c'est l'instinct, l'information que tu amplifies.

Considère la peur de manière objective !

Ta peur n'est pas la tienne. Elle n'est qu'un poids emprunté à une expérience ou à une personne de ton passé. Tu peux aussi créer une distance avec l'objet de ta peur en faisant bien la part des choses. Cherche ce qui t'inquiète réellement. Ce travail de distanciation et de perspective sera alors l'arme absolue pour transformer la peur en sagesse.

Tu as la capacité innée de diagnostiquer le bien-être des autres.

Tu as la capacité de refléter l'atmosphère qui t'entoure et de percevoir immédiatement l'état intérieur des personnes autour de toi. Beaucoup plus facilement que le tien d'ailleurs !

De fait, il n'est pas rare de voir des personnes ayant la rate non définie développer une grande sensibilité aux médicaments et un système immunitaire sensible.

Pour quelqu'un qui est défini, ça passe vite pour des petites natures à tendance hypocondriaque mais il n'en est rien.

Beaucoup de médiums et de clairvoyants ont la rate non définie, qui leur permet de capter les signaux émis par les autres et par le monde.

Les questions à se poser

- De QUOI ai-je vraiment peur ?
- Ou plutôt POURQUOI j'ai peur ? Est-ce qu'il y a une information à connaître ici ?
- Est-ce que je suis réellement en danger ?
- Que me dit mon corps à cet instant ?
- Est-ce que c'est bon pour moi ?

Peur et sensibilité extrême *versus* intuition, clarté, sensations.

LA RATE OUVERTE

Lorsqu'il n'y a aucune porte activée, ton centre blanc te donne une autre dimension.

- Pas de peur « innée », une capacité à « lire » l'environnement et à voir les choses avec clarté.
- Psychiquement réceptif·ive à l'état physique des gens, il y a un risque de se perdre dans l'anxiété des autres.
- S'isoler pour mieux se reconnecter à ses sensations et à sa neutralité.

EN BIEN : la peur est naturelle. Il ne s'agit pas de s'en débarrasser puisqu'elle nous protège. Une fois que tu sais ça, tu peux surfer sur cette peur et ne pas la laisser prendre tes décisions à ta place.

Avec ce centre ouvert, tu as accès à toute la gamme instinctive et à tous les mécanismes de protection de la rate. Tu vois les enjeux et les peurs, et ça te permet de donner des directions pour assurer la survie de l'espèce (rien que ça).

EN PAS BIEN : perdre le contact avec ta peur, vouloir la bloquer ou te laisser submerger te rend instable. Un coup peureux·se sans raison, un coup kamikaze dernier niveau. Tu ne sais pas trop ce qui est bon pour toi.

Guérison du non-soi

Rien n'existe sans son contraire. Bien sûr tu ne sais pas, toi, que cette peur te maintient en vie. C'est la peur elle-même qui finit par te faire peur. C'est l'un des centres qui, non défini, ne construit pas de « surmoi » plus fort, car tout le principe de la rate est de compter sur la peur. Et tu ne peux pas compter sur une peur que tu ne comprends pas.

La croyance associée : j'ai bien trop peur pour faire quoi que ce soit.

Le dialogue intérieur : je ne dois pas faire ce qui pourrait fâcher Untel, prendre le risque de perdre Machin Chouette, tenter ma chance car je pourrais échouer, etc. On te fait pas de dessin (on pourrait le rater).

Le symptôme visible : la vie fait trop peur, maman, je vais rester dans mon lit.

Le symptôme invisible : mais en vrai, j'ai plus peur de la peur que de tout ce qui fait peur.

Le paradoxe du pessimiste magique : le pessimiste répète sans arrêt que ça ne marchera pas. Lorsque ça marche, il attend patiemment que ça se mette à plus marcher. Parce que la logique veut que ça marche pas. Le pessimiste dispose d'un grand pouvoir de manifestation qu'il regarde toujours du même œil. Il fait le lit de son échec, qui le rassure, car de manière étrange il lui prouve qu'il a raison. Nous savons qu'il suffirait de pas grand-chose pour devenir un putain de gros optimiste qui réussit tout, si on va par là.

La guérison : AIME ta peur, apprécie le message qu'elle t'adresse sur toi, sur le monde, sur tes projets. Elle est là pour toi.

Superpouvoir : tu es la personne qui murmure à l'oreille des peurs...

Les portes du splénique

- **48 – La porte du puits (la profondeur)**
  La peur d'être inadéquat
  Elle cherche des solutions et a peur de manquer de ressources, de profondeur. Elle craint aussi d'aller dans les

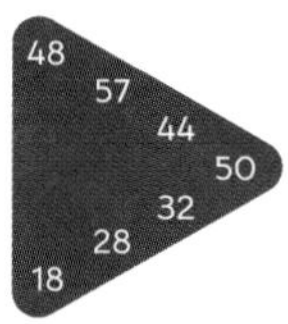

Chaque porte de la rate (centre splénique) représente une peur, un instinct de survie.

profondeurs, alors que c'est là que se trouvent les réponses qui lui permettront d'éliminer la peur.

- **57 – La porte de la douceur (l'intuition)**
  La peur du futur (clairaudience)
  Elle entend la vérité et peut savoir ce que le futur lui réserve. Ou pas.
- **44 – La porte des schémas (la vigilance)**
  La peur du passé
  Elle est capable de sentir le talent et le potentiel et de reconnaître le bon moment pour agir en étudiant les forces en présence. Petite tendance à la fuite en avant.
- **50 – La porte des valeurs**
  La peur des responsabilités
  Elle impose un système de valeurs fondamental qui prend la mesure exacte des responsabilités qu'impliquent nos décisions. Elle a peur des responsabilités, forcément.
- **32 – La porte de la durée (la continuité)**
  La peur de l'échec
  Elle inscrit les choses sur le long terme en assurant une transformation. Parfois, la peur de l'échec peut bloquer son action ou entamer sa persévérance.
- **28 – La porte du joueur invétéré**
  La peur de mourir sans avoir vécu
  Elle pousse à « jouer le jeu », à atteindre ses objectifs. Poussée par la peur de la mort, elle craint à la fois de prendre des risques, et que sans risques, la vie n'ait pas de sens.
- **18 – La porte de l'amélioration (la correction)**
  La peur de l'autorité
  Elle a envie de tout corriger et améliorer, elle juge parfois durement le monde et elle-même.

Le sacral

TICTAC
Il faut faire des choses et faire des choses et faire des choses.
TICTAC
TICTA
TICTAC
Hé hé, rien ne sert de courir il faut savoir où tu vas.

La salle des machines

C'est le grand centre moteur qui alimente la progression, l'expansion et la vie. C'est une force vibrante et elle est importante pour le générateur.

On dit que c'est le centre du sexe, car la majorité de ses portes ont une connotation sexuelle et parce qu'il est relié aux organes sexuels, mais aussi au sacrum.

Le désir et l'appétit sexuel sont liés à ce centre, et ce lien vient nous éclairer sur la connexion entre le sacré et le sexe. L'intuition, les pulsions, les rejets viscéraux et les attirances naturelles trouvent ici une résonance particulière, car ils engagent tous les aspects de la vie et pas que la bagatelle.

L'abondance financière, le succès en affaires, l'attraction, le prestige, la reconnaissance, toutes ces notions sont étroitement liées au sacral et à notre gestion de l'intimité, à l'interaction humaine et à la cocréation.

Sacral défini

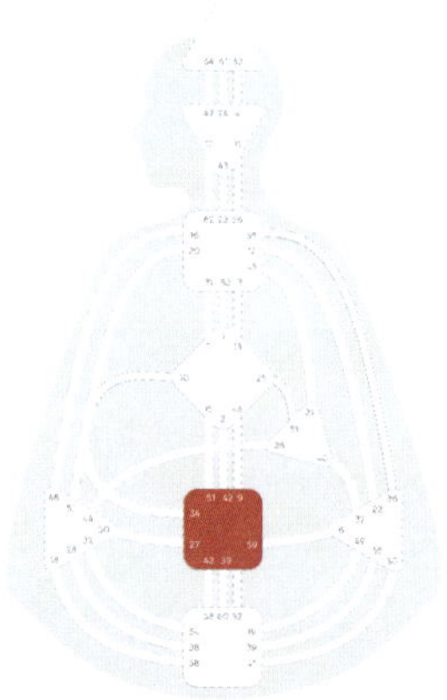

La réponse des tripes.
70 % de la population.

Sacral non défini

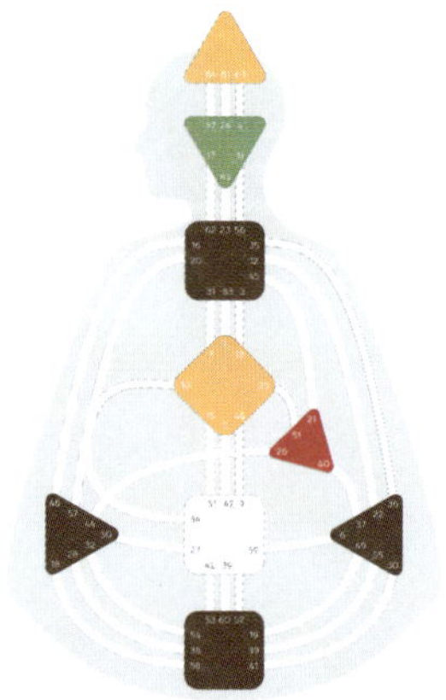

Utilise l'énergie collective.
30 % de la population.

Le sacral défini est un moteur surpuissant qui ne peut être arrêté

Soixante-dix pour cent de la population (tous les générateurs) ont un sacral défini. Il n'est pas dit quel pourcentage de ce pourcentage sait utiliser ce puissant outil.

Une fois lancé, ce moteur ira au bout de l'expérience. C'est pour ça que les personnes qui ont un sacral défini doivent choisir avec soin les sujets sur lesquels elles vont s'engager.

Et tu vois, c'est lui qui a la réponse. Cet instinct naturel est très important pour le générateur, qui doit attendre la réponse de son sacral et s'engager avec son énergie inépuisable jusqu'au bout.

ATTENTION ! Tu peux aussi brouiller la réponse du sacral avec tes émotions !

Une situation-type : une personne que tu rencontres, que tu aimes bien, qui va beaucoup te solliciter. Ton émotion t'indique que cette personne en a envie, besoin, qu'elle est sympathique et agréable. Rien ne justifierait que tu la rejettes. Elle peut même t'apporter des choses (des contrats, te présenter des gens). Et pourtant, quelque chose au fond de toi t'alerte, comme un sens d'araignée qui te dresse les poils.

Mais quoi ?

Immédiatement, tu vas mettre ça sur le compte de l'ego : tu penses que ton syndrome de l'imposteur te sabote peut-être… ou que tu as des réactions bizarres, et pourtant quand cette personne t'appelle, ton premier réflexe est de souffler, reculer, soupirer. Tu as l'impression de te forcer à lui parler même si tu te dis, une fois que c'est fait, que ce n'est pas si désagréable.

Alors une bonne fois pour toutes : TON SACRAL A RAISON !!

Regarde ton corps, écoute ta voix !

Froncement de sourcils, contraction des muscles, mouvement de recul, « hmmm » ou « hum hum » négatif.

De la même manière, tu vas croiser des gens avec qui tu peux causer sans t'arrêter ; les appeler te fait plaisir, même quand tu as autre chose à faire, parfois ils sont peu recommandables ou sans intérêt immédiat, mais tu les « sens bien ». *You go dude* !

Mais tout n'est pas si simple !

Et le sacral défini est aussi un piège énergétique. Tu vas t'engager dans des projets, bosser comme une machine, tout donner, aller au bout du processus, épuiser ton énergie sans limites, et parfois tu n'obtiendras pas la reconnaissance que tu aurais aimé avoir.

La raison de vivre du générateur est la satisfaction.

Celle du projecteur est la reconnaissance.

Tu n'as pas besoin de reconnaissance, tu as besoin de t'assurer que l'autre est satisfait·e.

On trouve parmi les personnes au sacral défini de grandes éminences grises qui font briller les autres.

Une centrale d'énergie magnétique, motrice et… sexuelle…

Tu es inépuisable, à un point tel que les autres ont du mal à suivre, t'obligeant à faire leur part du job. En revanche, il faut que le projet soit à la hauteur.

Comment savoir ? Simple : avant toute action, tu dois interroger ton sacral.

Les sources disent d'écouter son « hum hum » joyeux ou son « hmm hmm » négatif. Ce qui pour moi reste un mystère insondable.

FYI, j'ai aussi le sacral actif et j'ai pris pour habitude d'écouter un endroit près du sacrum, tout en bas de la colonne ; c'est lui qui me parle, je sens comme des petites pressions à cet endroit.

Oui, je pense qu'on peut affirmer que je parle avec ma raie du cul.

Et tu vois, je crois que c'est ça qui est sous-entendu quand on parle d'énergie sexuelle. Et je pense sincèrement qu'une personne qui a le sacral défini a le devoir de faire preuve de plus de discipline et de discernement que les autres dans le choix de ses partenaires sexuels.

EN RÉSUMÉ

✦ Une énergie inépuisable dès lors que le sacral a donné son accord. ✦

✦ Il donne son accord dès que le sujet résonne fort avec les tripes, qu'il crée de la force vitale. ✦

✦ Il va puiser dans l'énergie sexuelle et tantrique un moteur puissant énergétique et magnétique. ✦

✦ On ne peut pas se brider et se débrider, la machine est trop puissante. ✦

✦ Si on veut éviter de passer de la frustration à la surcharge, il faut suivre sa réponse instinctive. Il ne s'agit pas de promettre ou de chercher la grande histoire d'amour à chaque rencontre (*mandieu*) mais juste de chercher une harmonie entre nos trois corps (je parle des trois systèmes personnels, pas de faire ménage à trois). ✦

✦ Si on assume trop, on a trop promis, on se vide, on est dans le non-soi, et la frustration s'installe. ✦

Le sacral non défini se connecte à l'énergie du monde

Trente pour cent de la population a le sacral non défini.

Le sacral est une force énergétique endurante. Non défini, il n'a pas en lui la capacité de générer cette force vitale et ne peut s'activer qu'au milieu des autres. C'est un problème courant dans ce monde plein de générateurs que de vouloir suivre le rythme, mais tu pourrais bien t'épuiser en essayant. Ta place est en hauteur, à utiliser l'énergie collective pour mieux la redistribuer.

- Si tu es projecteur : tu absorbes, tu tries, tu amplifies et tu renvoies en mode focus laser. Si tu n'as pas la latitude nécessaire pour transformer l'énergie en sagesse, tu es pris·e dans un cyclone et c'en est fini. Burn-out.
- En tant que manifesteur : tu es fait·e pour lancer les projets, pas pour les gérer, et tu n'as pas besoin de ton sacral, car le moteur relié à ta gorge met le coup de *starter*. Ne t'épuise pas et pense à informer ! Lorsque tu informes un générateur, laisse-lui le temps de consulter sa réponse sacrale avant de démarrer, il aura alors l'énergie endurante d'emmener tes idées au bout de leur meilleure vie.
- Si tu es réflecteur : tu n'absorbes pas, tu permets simplement aux générateurs que tu croises d'utiliser leur énergie à bon escient.

Ton énergie sexuelle fonctionne de la même manière. Naturellement enclin·e à l'indolence, tu n'y penses pas vraiment jusqu'au moment où tu vas puiser dans celle du partenaire, et là, c'est la déglingue *party* !

Te reposer AVANT d'être fatigué·e et te reconnecter à ton autorité personnelle pour savoir à quel moment absorber, amplifier ou redistribuer l'énergie, et à quel moment te retirer pour te permettre de recharger tes batteries.

Les questions à se poser

- Est-ce que je suis fatigué·e ?
- Est-ce que je suis motivé·e ?
- Est-ce que c'est MA motivation ?

Forcing et burn-out *versus* remettre l'énergie dans le bon sens.

LE SACRAL OUVERT

Lorsqu'il n'y a aucune porte activée, ton centre blanc te donne une autre dimension.

- Clairement pas fait·e pour une vie à cent à l'heure. Sans être paresseux·se, tu n'as pas une endurance à toute épreuve.
- Mais ton recul et ta sagesse te permettent de diriger l'énergie sacrale des autres vers un objectif commun.
- Tu dois juste éviter d'essayer de suivre le rythme à tout prix.

EN BIEN : les gens au sacral complètement ouvert sont quand même assez rares et ont la capacité de posséder une connaissance intime de la nature du vivant. Ils peuvent carrément mesurer la force vitale et savoir dans quel sens l'utiliser.

EN PAS BIEN : ne pas savoir quoi faire de son énergie, c'est la porte ouverte à tous les non-soi. On s'éparpille, on initie alors qu'on est projecteur, on lance des projets n'importe comment alors qu'on est manifesteur, on se laisse épuiser par une activité inappropriée et excessive... Bref...

Guérison du non-soi

***Keep calm**...* **ou je t'explose !** Avec une population mondiale composée à 70 % de générateurs et consorts (ou qu'on sort pas s'il pleut), comment veux-tu éviter le conditionnement du sacral ?

Surtout quand tu n'as pas d'autre choix pour avoir de l'énergie que d'absorber celle des autres.

La croyance associée : ce n'est jamais assez.

Le dialogue intérieur : je ne dois pas m'arrêter, je n'ai pas terminé. Je me reposerai plus tard. Je peux le faire.

Le symptôme visible : devenir un super-générateur jusqu'à l'épuisement.

Le symptôme invisible : amplifier la fatigue alentour en se pensant légumisé ou en dépression nerveuse.

Le paradoxe du CrossFiteur : le CrossFiteur un peu con qui veut soulever toujours plus lourd, battre ses records et se bute à en vomir à chaque *WOD*, souvent pour le show parfois pour le challenge, finit *OBVIOUSLY* par se rompre un os, un ligament ou un muscle quelconque, s'obligeant à plusieurs mois de calme et de chips-bière.

C'est à se demander s'il le fait pas exprès. En face de lui, cette connasse de prof de yoga qui répète toute la journée à quel point elle respecte son rythme intérieur. T'as envie de lui jeter tes *kettlebells* dans son sacral de merde. Pourtant, c'est leur action conjointe qui fera le plus grand bien à ton corps.

La guérison : entretenir une sagesse stoïque et observatrice, regarder passer.

Superpouvoir : tu es un pistolet laser de force vitale. Tu charges, tu pointes, tu tires et vavavoum.

Les portes du sacral

Chaque porte du sacral amène une énergie spécifique.

- **5 – La porte de l'attente (les rythmes fixes)**
  Elle aime ses petits rituels, son tempo et ses petites habitudes car elle y puise de l'énergie. C'est sa méditation qui lui permet de réfléchir à des ressources pour créer des modèles et des méthodologies. Elle est constante.

- **14 – La porte de la prospérité (le savoir-faire)**
  Elle fournit l'énergie de prospérer et de tout déchirer si on fait vraiment ce qu'on aime. Le prix à payer étant d'aimer ce qu'on fait. Elle est endurante.

- **29 – La porte de l'engagement (la complaisance)**
  Elle libère de l'énergie en continu pour tenir jusqu'au bout dans la direction choisie pour peu qu'elle ait été bien choisie. Au service de plus grand. Attirant les bonnes ressources (dont l'argent) dès lors qu'elle s'engage sans compromis. Elle est magnétique.

- **34 – La porte du pouvoir**
  Elle donne le pouvoir de faire à peu près tout ce qu'on veut, pour peu que cette volonté soit motivée par les bonnes sources et permette d'évoluer. Elle est primitive.

- **27 – La porte nourricière (la bienveillance)**
  Elle se préoccupe surtout de nourrir la famille sur tous les plans (intellectuel, spirituel et physique) et de lui permettre de grandir et d'évoluer en sécurité. Elle est tribale.

- **59 – La porte de l'intimité (la sexualité)**
  Elle t'envoie de l'énergie sexuelle qui parle de cocréer, de procréer, de se lier à un·e partenaire pour faire naître quelque chose (pas forcément avec son utérus). Elle est tantrique.

Les énergies de format

Il s'agit des six portes constituant les trois canaux reliant le centre de la racine au centre sacral.

Les formats sont très puissants et déterminent les fréquences biologiques ; une des qualités des énergies de format est la tendance à la dépression (mais aussi l'inverse).

- **42 – La porte de l'expansion (l'évolution)**
  Elle met fin aux cycles et permet d'en entreprendre un nouveau, plus fort, plus beau. Elle est constructive.
- **3 – La porte du commencement (l'ordonnance)**
  Elle envoie des pulsions pour créer de nouvelles choses. Elle est vitale et (un peu) chaotique mais ultracréative et une vraie force d'innovation.
- **9 – La porte de l'attention aux détails (la focalisation)**
  Elle focalise l'énergie sur ce qui va aider à l'atteinte des objectifs. Elle est concentrée.

Le plexus solaire / les émotions

Juste à côté du « sacré » se trouve l'affectif.

Toutes les émotions humaines se trouvent là ! Et c'est un centre à la fois moteur et conscient, donc il est très éveillé et cherche sans cesse un alignement entre le besoin d'agir et celui de réaliser, comme le corps limbique va chercher à aligner le rationnel et le corps au travers des émotions.

Le pancréas, les reins, l'estomac, les poumons et le système nerveux. Rien que ça.

Nous sommes des êtres dont le corps est soumis aux émotions, et toutes nos maladies physiques ne sont que des traductions de ces mouvements émotionnels. C'est bien sûr le centre lié aux addictions.

C'est en réalité le centre le plus complexe, mais aussi le plus facile à comprendre. On ne peut pas vivre sans émotions. On ne peut pas les gérer ou les éteindre. En revanche, on peut développer une conscience émotionnelle permettant de distinguer les expériences qui seront bonnes pour nous et celles qui le seront moins.

Plexus solaire défini

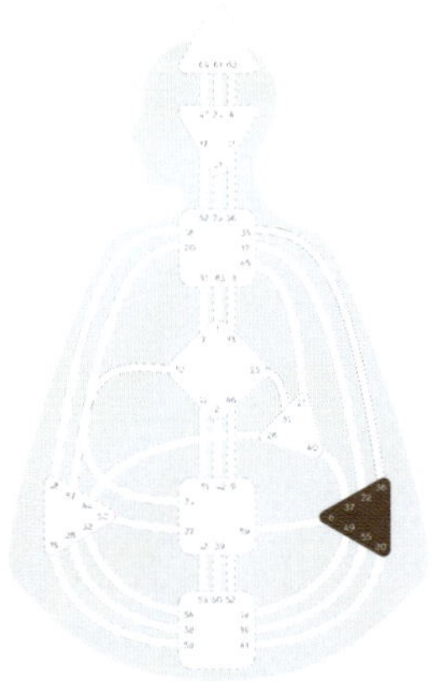

Il n'existe aucune vérité dans l'instant présent.

51 % de la population.

Plexus solaire non défini

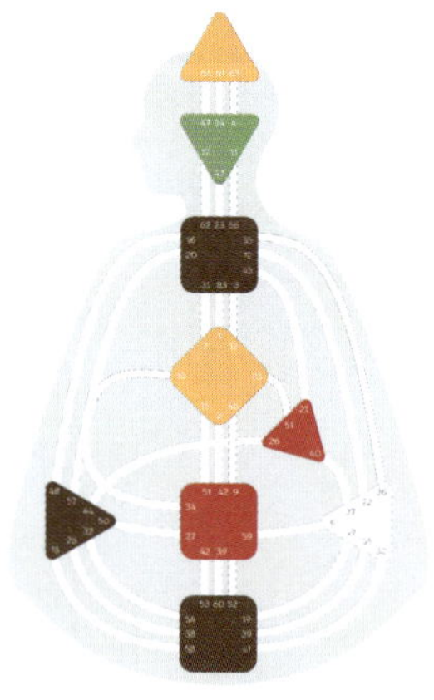

Miroir de l'état du monde.

49 % de la population.

Tes émotions définies doivent se mettre au surf

Ce centre, quand il est défini, crée ce qu'on appelle des vagues émotionnelles erratiques. Elles peuvent être assez extrêmes et nous faire passer de boute-en-train de la fête à dépressif·ive de service, du septième ciel au fond du trou.

Ta nature consiste à ressentir toutes ces vagues, à nager dans l'océan des émotions plutôt qu'à essayer d'aller à contre-courant.

Si tes émotions sont définies, tu as forcément une autorité émotionnelle ; en revanche, il est possible qu'elle cache un autre centre qui peut t'aider dans ta prise de décision après le passage de la vague.

Si tu as le sacral actif : tu as accès à ta réponse sacrale après l'accalmie.

Si tu as la rate définie : tes émotions peuvent ralentir ta prise de décision.

Le secret va être ici d'écouter soigneusement les messages de ton corps au moment où ta vague émotionnelle se calme.

Règle d'or : attendre le passage d'un cycle complet (jusqu'à essorage) et voir si le désir perdure.

ATTENTION : il n'y a pas de Décolor Stop spécial toi !

Hein ?

Oui, tu déteins sur les autres, tes émotions sont contagieuses et tes humeurs se reflètent sur les autres.

Maintenant que tu sais ça, tu peux te contenter d'apprécier, accueillir et observer pour apprendre comment elles affectent les autres.

Le contrôle n'est pas la maîtrise, c'est de la visibilité.

Inutile d'essayer de « prendre le contrôle » sur ta vague émotionnelle.

Tout ce que tu peux faire, c'est la regarder passer pour essayer d'identifier les moments clés.

Tu peux par exemple tenir un journal de tes émotions avec des thématiques dedans (travail, relations, achats...). Si des éléments se répètent, tu sauras alors à peu près à quel moment tu seras capable de répondre.

La visibilité, c'est aussi garder un œil sur l'impact que tu peux avoir sur les personnes qui t'entourent.

Pour tou·te·s les autres, ça implique aussi de comprendre que la moitié de l'humanité ne peut pas répondre dans l'instant. Le secret pour toi va être de dire : « Ça a l'air *cool* (ou naze), mais je te répondrai un peu plus tard. »

La peur dans le centre du plexus solaire prend la forme de la nervosité. Nervosité à l'idée de monter, à l'idée de descendre et à l'idée de plus jamais remonter.

Bon à savoir

Il existe trois modèles de vagues émotionnelles qui vont dépendre de tes portes activées dans ce centre.

- La vague tribale qui régit les besoins.
- La vague individuelle qui régit la passion.
- La vague abstraite qui régit le désir.

Tu verras les détails dans la section destinée aux portes.

EN RÉSUMÉ

✦ Tu vis des vagues émotionnelles plus ou moins fortes qui allongent ton temps de décision. ✦

✦ Ces vagues font du bruit qui t'empêche d'entendre ton intuition, ta réponse sacrale, les messages instinctifs et à peu près tout le reste. ✦

✦ La seule chose à faire, c'est de les observer, par exemple à l'aide d'un carnet d'émotions pour évaluer la durée de la vague selon les sujets. ✦

✦ Ta capacité naturelle à transmettre tes émotions te donne une responsabilité envers ton environnement. ✦

Tes émotions non définies sont un miroir grossissant de l'état du monde

Une personne au centre émotionnel non défini peut se penser trop émotionnelle; soumise à ses émotions à l'extrême.

Que nenni.

En vérité, tu ne fais que vivre des émotions qui ne sont pas les tiennes et les amplifier, faute de savoir quoi en faire.

Lorsque tu es seul·e, tu es naturellement calme et posé·e.

Dès que tu as de la compagnie, tu chopes les ondes émotionnelles des autres autour de toi. Ton Design n'étant pas conçu pour gérer ces émotions, tu peux souvent te sentir confus·e et frustré·e de ne pas savoir d'où vient cette vague qui te traverse.

En revanche, si tu es dans une foule galvanisée de joie, tu vas ressentir toute cette joie alentour. De même, un environnement religieux va te permettre de te rapprocher de ta propre foi.

ATTENTION CEPENDANT à ne pas tomber dans le syndrome de Spock. Oui, tu ressens des émotions comme tout le monde, tu n'es pas un robot ; seulement chez toi, elles sont amplifiées par la définition de ton environnement et tu ne sais pas du tout quoi faire de ces choses inconnues qui te traversent.

Pour transformer ces vagues en sagesse, il te faut te placer en témoin et non en acteur. Ainsi, ta capacité à magnifier et amplifier les émotions des autres te permettra de leur montrer le chemin du calme intérieur.

Les questions à se poser

- Pourquoi je suis soudain submergé·e ? Que se passe-t-il ?
- Est-ce que je suis en train d'amplifier mon émotion ?
- Comment je me sens quand je suis seul·e ?

États d'âme et hystérie
versus
empathie et sagesse.

LE CENTRE DES ÉMOTIONS OUVERT

Lorsqu'il n'y a aucune porte activée, ton autre dimension

- Un témoin détaché et fasciné du drama des autres.
- Une capacité à intercepter et à surfer sur les émotions.
- Risque de ne pas croire à ses propres émotions qui restent intimes et intérieures.

EN BIEN : la différence entre un centre non défini et un centre ouvert ici, c'est que sans aucune porte, il n'y a aucun filtre. Tu te connectes à toutes les ondes émotionnelles possibles.

Dès lors que t'as capté ta capacité à la neutralité, tu vas pouvoir observer les changements lorsque tu vas te connecter aux vagues émotionnelles qui ne sont pas les tiennes. Les comprendre va alors devenir une source d'empathie pure et universelle, sans préjugé et sans danger, surtout.

EN PAS BIEN : tu peux être désorienté·e par ce que tu ressens, et surtout passer ta vie à essayer de comprendre tes émotions. Ce qui n'a aucun sens parce qu'une émotion ne se comprend pas (c'est même pas géré par le même côté du cerveau), et aussi parce que l'intensité de l'émotion n'est pas toujours la tienne. Tu ne sais plus ce que tu peux désirer, quand être sensible ou passionné·e. Tu peux même n'avoir aucune idée de ce dont les gens ont besoin tellement la vague parle fort dans ton corps. Du coup, tu finis par avoir l'impression que quelque chose ne va pas chez toi sur le plan émotionnel.

Guérison du non-soi

L'émotion est une information. Le problème de nourrir ses vagues émotionnelles de l'énergie des autres, c'est de croire que le bonheur est AILLEURS (à l'extérieur de toi).

La croyance associée : je serai heureux·se quand j'aurai…

Le dialogue intérieur : si je confronte cette personne, elle va s'énerver, je vais m'énerver et ça va pas du tout. Je dois me calmer. Pourquoi devrais-je mourir à chaque fois que je ressens un truc ? Si je montre mes émotions, on va me rejeter.

Le symptôme visible : éviter la confrontation et la vérité, car tu te sais émotionnellement influençable, tu vas préférer t'isoler afin d'échapper à ce conditionnement.

Le symptôme invisible : j'évite la confrontation parce qu'une part de moi la cherche, car l'émotion est une information et j'en ai besoin pour connaître la vérité.

Le paradoxe de l'hystérique : l'hystérique va créer l'embrouille pour pouvoir s'énerver. Il ne sait plus s'exprimer sans colère car sa peur du rejet est trop grande. Tout est trop grand. L'amour fait peur. La joie est si intense qu'on se sent maniaco-dépressif. En face, un M. Spock interloqué sait que c'est aberrant, tout ça…

La guérison : prendre de la hauteur et de la distance. Regarder avec bienveillance ces émotions qui s'agitent. Apprécier le champ émotionnel à des fins informationnelles.

Superpouvoir : appuyer là où ça fait mal pour faire surgir LA VÉRITÉ ! On appelle ça « pourfendre le *bullshit* ».

Les portes du plexus

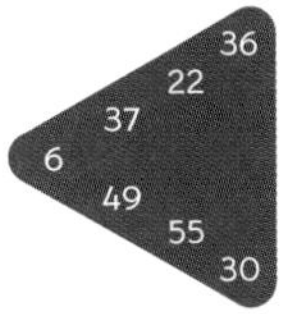

Les portes des émotions parlent de vagues émotionnelles et de peurs.

La vague tribale – les besoins

- 37 – La porte de la famille (l'amitié)
  La peur des traditions
  Elle s'appuie sur ses principes pour entretenir sa communauté tout en ayant un peu peur des rôles traditionnels.
- 6 – La porte des conflits (la friction)
  La peur de l'intimité
  Elle évolue dans la friction, le frotti-frotta, dès que ça chauffe un peu elle est bien, ça la calme. Elle s'ouvre et se ferme à l'intimité pour de bonnes raisons. Elle a peur de révéler ce qu'elle est vraiment.
- 49 – La porte de la révolution (les principes)
  La peur de la nature
  Elle aime tellement sa tribu qu'elle est prête à tout révolutionner, à rejeter les étranger·ère·s et les principes dangereux. Elle a peur de l'imprévu, de l'inconnu, des conséquences naturelles.

La vague individuelle – la passion (les gens qui ont l'air complètement bipolaires)

- 22 – La porte de la grâce (le réceptif)
  La peur du silence
  Réceptive lorsqu'elle est d'humeur à écouter, elle peut aussi devenir impossible à entendre. C'est une vague extrême de grâce et de disgrâce.
- 55 – La porte de l'abondance (l'état d'âme)
  La peur du vide (existentiel)
  Passionnée comme jaja, elle a peur de ne rien trouver de passionnant. C'est une vague qui alterne mélancolie et euphorie.

La vague abstraite – le désir

- **36 – La porte de la crise**
  La peur d'être inadéquat
  Elle est motivée par le désir ardent de vivre des expériences comme si elle savait que ça allait la faire grandir. Elle a peur d'elle-même.

- **30 – La porte des désirs (les sentiments)**
  La peur du destin
  Elle cherche les sensations, fortes, petites, moyennes, toutes les sensations, elle en a envie et peur en même temps. Mais elle a surtout peur qu'il ne se passe rien.

La racine

ALORS MAINTENANT TU VAS TE CALMER ET ARRÊTER DE METTRE LA PRESSION À TOUT LE MONDE !
Toi d'abord.

Je l'appelle le tremplin.

Tout en bas de la carte, c'est le deuxième centre de pression, à l'opposé de la couronne, tout en haut. Il abrite l'adrénaline et la transformation du stress. Il permet de passer à l'acte.

Donc là où la couronne va pousser à rationaliser sa vie, la racine va pousser à s'engager et se surpasser.

Ce qui est amusant, c'est que l'action est liée au centre de l'ancrage, là où se trouve le sentiment d'enracinement.

Ce centre gère donc l'ambition, la joie, la tranquillité, l'agitation, la limitation, le manque, la provocation, le stress, le trac et... bon bref, tous les stimuli de l'adrénaline.

Les glandes surrénales qui sont aussi en jeu lorsqu'on parle de dépendance (à ne pas confondre avec l'addiction qui est liée à la rate).

Racine définie

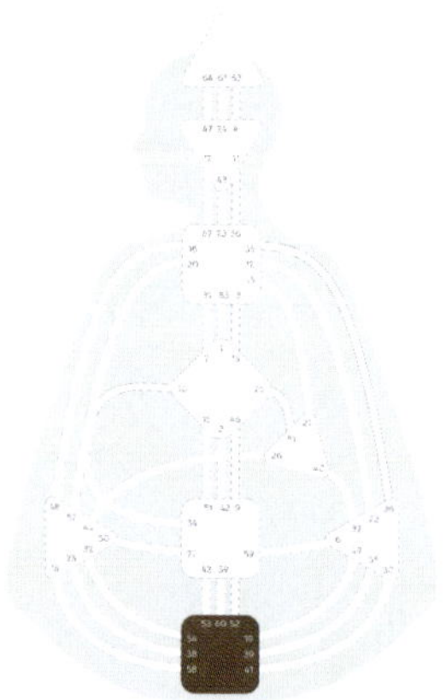

L'adrénaline comme moteur.
68 % de la population.

Racine non définie

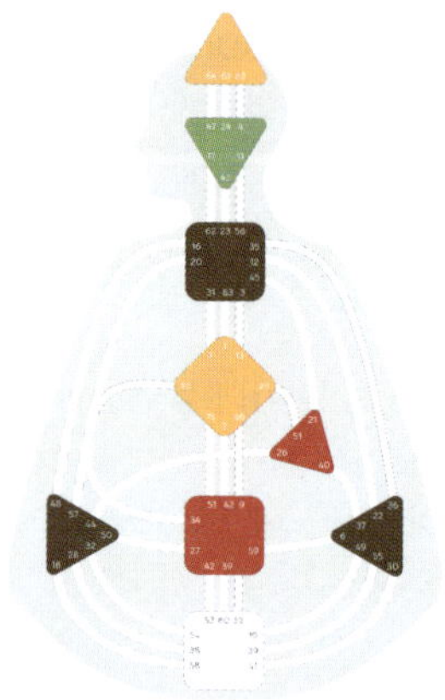

Pas de pression. *Please...*
32 % de la population.

Ta racine définie peut supporter et même créer la pression

Tu peux réagir dans des délais très courts sans perdre pied.

Ta volonté intérieure est intense et passer à l'action est une compulsion.

Tu es comme un volcan d'énergie capable de rester impassible dans l'œil du cyclone.

Pour toi, la montée d'adrénaline crée une excitation, tu ne tiens pas en place, tu gigotes et tu bouges beaucoup, et parfois tu as l'impression que ta voix sort de toi sans ton consentement.

Attention à ne pas perdre l'équilibre !

Tu dois maîtriser ce flot énergétique, car toute situation de non-soi va créer un stress ingérable. C'est là que les autres centres et ton autorité personnelle entrent en jeu.

Tu dois trouver le calme intérieur, et alors le passage à l'action et la folie de la vie deviendront un jeu follement amusant.

Ce centre a pour but de te faire trouver l'équilibre pendant que tu poursuis tes rêves.

EN RÉSUMÉ

✦ Tu supportes la pression des délais courts et des obstacles ennuyeux. ✦

✦ Tu aimes l'adrénaline et les choses rapides et qui avancent vite. Un peu trop parfois ? Peut-être... ✦

✦ Tu es comme un volcan d'énergie qui ne demande qu'à exploser. ✦

✦ Tu dois trouver le calme intérieur. ✦

✦ Tu peux motiver les gens à se lancer, se bouger et donner un sens à leur vie. ✦

Ta racine non définie n'apprécie guère la pression sociale

Tu as déjà constaté la différence entre ta manière de concevoir ta vie seul·e et en société ? Naturellement détendu·e et satisfait·e de ta vie, tu peux soudain te retrouver aspiré·e dans une spirale de stress insurmontable.

La racine non définie ne sait pas gérer les obligations des autres, elle a besoin de trouver son rythme, ses conditions pour avancer dans la vie et dans les projets, et réagit très mal au stress imposé des centres définis qui l'entourent. Eux, tout ce qui leur importe, c'est de faire quelque chose de leur vie, se lancer, se dépasser, et toi ça t'angoisse et ça te bloque. Et si tu essaies de suivre quand même, tu vas mettre tes glandes surrénales en surchauffe et te retrouver épuisé·e, paniqué·e, stressé·e et en pleurs.

Céder à la pression des autres te fait perdre pied et te met de mauvaise humeur.

Tu peux même te surprendre à faire des listes pour avoir l'air de faire quelque chose, mais tu ne feras que ce qui t'inspire. Tu peux commencer plein de choses et n'en finir que très peu.

Ce qui t'atteint, c'est ta sensibilité à l'adrénaline de l'autre qui va t'envahir et t'étouffer, au risque de passer pour fragile devant ton interlocuteur·rice au centre défini, qui se demande bien comment on peut se laisser vivre ainsi.

Tu es capable de t'élever personnellement chaque jour, par petites infusions et non par gros afflux sauvages. Tout ce que tu as à faire, c'est reconnaître que cette pression est extérieure à toi : elle ne t'appartient pas et cela devrait suffire à rester calme et centré·e, fidèle à toi-même.

Respecte tes glandes surrénales et fais confiance à ton instinct pour gérer ton évolution personnelle.

Les questions à se poser

- Est-ce qu'il y a le feu au lac ou est-ce que quelqu'un va mourir ?
- Qui me met la pression ? Est-ce que je ne suis pas en train de mettre la pression à quelqu'un ou à moi-même, plutôt ?
- Si je regarde l'objectif, est-ce qu'il n'y a pas un moyen d'y arriver calmement et étape par étape ?
- Si je me fais confiance, il se passe quoi ?

Pression et adrénaline *versus* retenue et vision d'ensemble.

LA RACINE OUVERTE

Lorsqu'il n'y a aucune porte activée, ton autre dimension

- Naturellement pas soumis·e au stress, il t'est très difficile de gérer celui des autres.
- Si tu ne cèdes pas à cette pression en mode sévèrement *burnouté*, ce détachement te donne une aura de quiétude et de stabilité rassurante.

EN BIEN : dès lors que t'as capté que la pression que tu ressens n'est pas la tienne, tu peux la laisser passer et même l'observer. C'est ce qui te donne la capacité de libérer les autres de leur pression intérieure.

EN PAS BIEN : c'est un des centres les plus vulnérables, sans aucune porte active qui permettrait de filtrer *a minima*. Elle se retrouve amplifiée et crée des comportements erratiques qui vont de l'extrême concentration à l'hyperactivité.

La pression surrénale devient insupportable et les décisions mentales se multiplient. Toujours en train de courir, de faire des *to-do lists* et toujours strictement à l'heure, les personnes à la racine ouverte deviennent volontiers des bourreaux. La pression n'est qu'une chose affreuse dont il FAUT se débarrasser au plus vite, et non un tremplin, un élan plein de joie.

Les résultats, on les connaît : action paralysée, maladie, burn-out, dépression et… changement de vie…

Guérison du non-soi

OUI à la pression ! NON à l'oppression ! Cette connexion de la racine non définie aux autres te permet notamment d'utiliser la pression que les autres t'envoient pour mettre le feu aux poudres et les aider à se mettre en route comme si on leur mettait de l'essence.

La croyance associée : je réussirai ma vie en me mettant la pression.

Le dialogue intérieur : qu'est-ce que je vais faire de ma vie ? Qu'est-ce que je vais faire de ma journée ? Je dois faire une *to-do list*.

Le symptôme visible : se mettre la pression permet d'éviter de passer pour un inconsistant, un laxiste. Pour ne pas perdre la confiance de l'autre.

Le symptôme invisible : la vraie difficulté n'est pas de donner, mais d'avoir confiance. De s'abandonner à la foi en soi, en la vie, en l'univers : il a un but pour toi, t'es pas obligé·e d'en avoir un.

Le paradoxe du hippie : le hippie vit au jour le jour et déteste les injonctions. Évidemment, il est regardé de traviole par le bâtisseur qui représente le conditionnement des centres définis de tous les générateurs du monde, il aime construire sur du solide.

La guérison : remettre son destin entre les mains de l'univers. Pas de plan. Le temps fait son travail. Équilibre et justesse sont les clés de ta santé et de la solidité de tes fondations (pour faire *kiffer* ton bâtisseur interne).

Superpouvoir : diagnostic et guérison des maladies du stress. Donne-moi ta pression, je vais l'utiliser (mais pas dans la gueule, stp).

Les portes de la racine

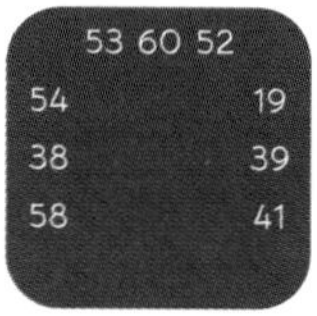

Chaque porte correspond à une pression spécifique.

- **54 – La porte de l'ambition (le battant)**
  Te met la pression pour te réaliser et t'élever dans l'échelle sociale.
- **38 – La porte de l'opposition (l'ambition)**
  Te met la pression pour trouver un sens à ta vie.
- **58 – La porte de la vitalité joyeuse**
  Te met la pression pour améliorer les choses afin que tout aille bien.
- **19 – La porte du rapprochement (l'envie)**
  Te met la pression pour satisfaire les besoins de ta tribu.
- **39 – La porte de la provocation**
  Te met la pression pour libérer ta passion, soit en trouvant une passion, soit en laissant libre cours à tes émotions.
- **41 – La porte de l'imagination (la contraction)**
  Te met la pression pour laisser aller ton imagination afin de vivre des expériences jusqu'à trouver celle qui va t'épanouir.

Les énergies de format : une manière fixe de supporter physiquement le stress

- **53 – La porte des nouveaux débuts**
  Commencements
  Elle te met la pression pour commencer de nouvelles choses. C'est une énergie d'équilibre et de cycles.
- **60 – La porte de la limitation**
  Acceptation
  Elle te pousse à faire avec les limitations pour transcender et créer une mutation. C'est une énergie fluctuante et initiatrice.
- **52 – La porte de la montagne**
  Inaction
  C'est une pression qui monte et qui permet de focaliser l'énergie de manière logique et concentrée.

Interactions et conditionnement

Le danger n'est pas dans le conditionnement,
le danger, c'est de l'ignorer !

Ce qu'il faut savoir quand on parle de Design Humain en général, c'est qu'il n'existe aucune certitude. C'est avant tout une science d'expérimentation, et tous les scénarios restent possibles entre les humains. Il n'y a pas de schéma-type ou de comportement-type à adopter. Nous pouvons observer plein d'interactions différentes entre des centres définis et leurs homologues blancs.

Là où ça devient intéressant, c'est que les informations dont on dispose nous permettent d'expérimenter sur une base factuelle. Il va s'agir alors de se placer comme un·e observateur·rice de nos relations pour en tirer la plus grande sagesse possible.

Grâce à la connaissance de la carte d'une personne, on peut donc tirer une matrice globale d'interactions possibles, que nous pourrons ensuite utiliser pour gérer au mieux nos interactions sans considérer qu'une relation entre un centre ouvert et un centre défini est condamnée d'avance.

Ce serait trop bête.

Toutes les configurations possibles recèlent un potentiel de sagesse, et nous allons étudier ensemble ces potentiels.

Défini *versus* non défini : le match

L'exemple du centre émotionnel

La personne au centre défini subit les hauts et les bas de la vague émotionnelle. C'est inéluctable, mais son centre défini est fait pour ça, elle sait naturellement attendre le passage de la vague. Normalement…

C'est une personne qui est plus sympathique qu'empathique, elle peut faire preuve d'une grande compassion sans se perdre dans les émotions de l'autre.

Ses effets sur un centre non défini

Dans l'aura, la personne au centre défini va facilement mettre une grosse pression sur les autres. Elle peut, sans le vouloir, créer un chaos émotionnel dans son environnement. Le centre non défini n'est pas fait pour affronter la violence de ces vagues qu'il ne sait pas interpréter, alors il va adopter des stratégies de protection : *freeze, fly or fight*.

Dans tous les cas, cela ne va faire qu'amplifier la vague émotionnelle et faire entrer dans le non-soi.

La personne aux émotions non définies a une capacité à mettre des mots précis et clairs sur ce qu'elle ressent, elle a un regard détaché sur les émotions dès qu'elle est seule.

Au quotidien, il est possible que les vagues émotionnelles de l'un fatiguent énormément son partenaire non défini ; leur puissance et leur expression peuvent devenir une source de stress. Pour autant, la vie à deux n'est pas impossible, c'est dans la compréhension de l'autre que les solutions vont arriver.

MON VÉCU

Au cours de mes travaux, j'ai eu l'occasion de constater quelque chose d'assez intéressant sur les « émotionnels ».

Quelque chose qui a mis en lumière la notion d'empathie et d'hypersensibilité.

L'empathie est souvent confondue avec la compassion. En réalité, il n'est pas rare de voir de vrais emphatiques n'avoir aucune compassion pour leurs semblables.

À mes yeux, l'empathie est une capacité à « ressentir » en temps réel les émotions de l'autre. Souvent, avant de prendre conscience de cette capacité, on a tendance à les prendre pour soi, à s'identifier à ces émotions. C'est pour ça que les personnes au centre émotionnel non défini tendent à amplifier les vagues émotionnelles. Souvent, elles semblent encore plus émotives que les autres.

J'ai donc constaté que, bien souvent, les personnes au centre émotionnel défini étaient moins emphatiques (car leur centre défini est fait pour émettre et pas pour recevoir) et plus émotives que les personnes au centre non défini. C'est le genre de personnes qui vont se mettre à pleurer en écoutant des histoires tristes, des personnes pleines de sympathie, là où les non-émotionnels vont être pleins d'empathie.

C'est pareil pour tous les autres centres.

Dans la plupart des cas, c'est la personne au centre non défini qui va développer les « qualités » du centre, mais de manière amplifiée, de manière forcée et contre nature. Cela peut être déstabilisant pour les deux.

Il est aussi possible que la personne au centre défini blâme l'autre. Pour son apparente absence d'émotions, qu'elle peut confondre avec un manque d'empathie, pour sa tranquillité nonchalante face au danger (rate), pour sa capacité à ne pas se poser de questions (tête, *ajna*) ou son absence de volonté (cœur, ego), etc.

C'est une forme de non-soi du centre défini de penser que tout le monde devrait réagir de la même manière.

Celui qui est défini doit donc apprendre à évaluer son impact sur les autres. Son stress (pression de la racine) ou sa peur (de la rate) peuvent alors déteindre violemment sur l'autre qui va se mettre à adopter des comportements bizarres. Il peut par exemple stresser doublement et se mettre à préparer de manière compulsive. Ou alors il va s'énerver et te crier dessus d'arrêter de le harceler avec ta peur ou tes questions à la con. Il peut aussi te trouver trop *relou* avec tes débordements émotionnels, ton côté compétiteur ou ton hyperactivité FATIGANTE.

Celui qui est non défini peut, quant à lui, savoir que dans la solitude il retrouvera sa clarté, sa tranquillité, son calme, sa neutralité et sa capacité à créer de la sagesse à travers l'expérience. Alors, il sera à même de partager cette sagesse avec son ami·e au centre défini. Son recul et sa hauteur de vue seront appréciés, et son effet sera bénéfique sur les vagues émotionnelles, sur les peurs, les ambitions ou les pressions diverses et variées de l'autre.

Stratégies de cohabitation

Comprendre le potentiel de sagesse du centre non défini

Comprendre que l'empathie est forte, mais n'implique pas de recopier les réactions de l'autre. En identifiant où se trouve la source de l'émotion, de pression ou de peur, la personne au centre non défini peut apporter une grande clarté sur la situation, même si ses réponses ne seront pas forcément bienvenues.

Globalement, le simple fait d'avoir identifié la définition de son centre est un premier pas. Cette connaissance suffit parfois à donner le recul et la hauteur de vue nécessaires. Il existe probablement encore énormément de traductions et de scénarios possibles dans l'expérimentation, mais il faudrait un livre entier par centre et beaucoup de témoignages.

Donc, mon seul conseil serait de s'observer avec un regard bienveillant, de savoir à chaque instant regarder comment s'expriment nos centres définis et non définis et d'utiliser cette lumière intérieure pour éclairer nos relations.

Une étude plus poussée de la carte pourra expliquer par quelle porte va s'exprimer le conditionnement dans une relation particulière.

Les canaux, les portes et les activations planétaires

Avec ton type, ton autorité et tes centres, tu as obtenu les trois clés révélant les secrets qui t'habitent.

Le rôle de cette connaissance est le plus souvent libérateur, car il te permet de comprendre enfin réellement comment tu fonctionnes, de l'accepter, de l'intégrer et de l'incarner entièrement.

En allant plus loin dans les canaux et les portes, tu vas révéler les niveaux plus profonds et les parties plus affinées de ton caractère, et surtout les prédispositions qui ont marqué ta naissance de leur signature énergétique.

Je ne te dis pas que notre vie est prédestinée (bien que Ra Uru Hu l'ait pensé). Je pense même que le croire ou non ne changera rien. Il s'agit de permettre à ton mental de se poser sur le siège passager et de profiter du paysage pendant que toi, armé·e de ton Design, tu t'amuses à conduire ton véhicule terrestre vers la destination de ton choix.

Je pense que ton Design ne parle jamais du QUOI mais du COMMENT.

En te connaissant, en t'acceptant, tu vas te permettre d'utiliser ton potentiel à sa juste valeur. Il n'y a que de cette manière que tu vas pouvoir réaliser tes rêves, tes projets, et aller vers ta meilleure vie, celle qui sera mise en lumière par ta croix d'incarnation, et en action par ton profil.

Introduction aux trente-six canaux

Tes valeurs constantes, tes dons et tes limites

Entre les centres se tisse une toile de connexions qui représentent les paramètres les plus fins de notre être et se comportent comme des couloirs énergétiques entre nos différents centres.

À chaque extrémité d'un canal se trouve une porte ; ces portes concernent notre destinée, elles feront l'objet du prochain tome.

Lorsqu'un canal est activé, il va absorber les qualités des portes qu'il relie, créant une entité à part entière qui s'exprime dans ton Design.

Dans la carte, les canaux sont regroupés en circuits. Chaque circuit répond à une force vitale particulière et s'exprime via ces canaux, qui eux-mêmes sont composés de deux portes. Tout cela crée ta définition. C'est elle qui va exprimer tes dons et tes limites, et c'est elle qui va se diffuser au moyen de ton aura.

Les circuits représentent les courants d'énergie qui circulent dans le corps au travers des canaux. Les circuits sont de trois types :

- les circuits individuels (mutation) ;
- les circuits tribaux (adoption) ;
- les circuits collectifs (adaptation).

C'est un flux de vie qui t'anime et te guide.

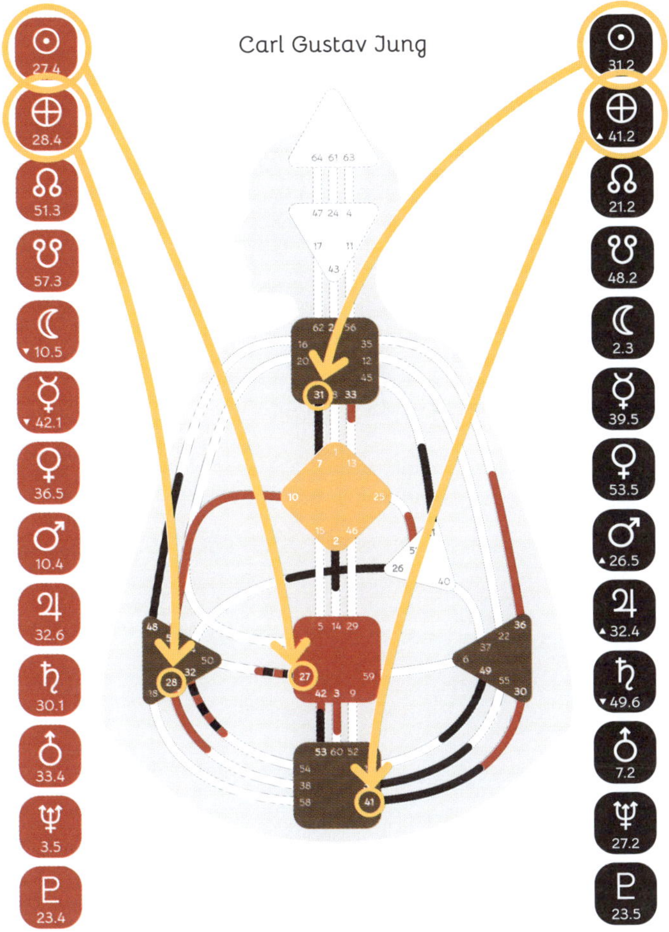

Les canaux colorés de noir représentent un aspect conscient, bien souvent quelque chose que l'on sait déjà de soi, tandis que les canaux rouges représentent un aspect inconscient. On dit aussi que les canaux noirs sont ceux de ta personnalité (esprit), et les rouges ceux de ton Design (corps) ; ils sont plus profondément ancrés en toi et donc moins accessibles par ton esprit conscient.

1/8 : le canal de l'inspiration

CANAL PROJECTEUR – TYPE INDIVIDUEL – CIRCUIT DE LA CONNAISSANCE

L'influenceuse

Ton centre G défini te permet de savoir à peu près qui tu es et ce que tu aimes dans la vie. La porte 1 de la créativité fait de toi un·e artiste qui vit pour et par son art.

Ta gorge définie te permet de savoir comment l'affirmer, le montrer, et sa porte 8 de la contribution te donne alors les moyens de faire la promotion de ce que tu aimes.

Tu es donc à la fois l'artiste et son agent·e, et ton art, c'est la vie. Tu es sur Terre pour servir d'exemple et de modèle.

La gorge connectée au soi signifie que ta voix parle pour toi.

En tant que canal projecteur, il demande à être reconnu, mais pour l'utiliser au mieux, tu vas devoir te souvenir de TA stratégie et de TON autorité. Sinon, il va s'exprimer contre toi et tu seras déprécié·e.

2/14 : le canal de l'alchimiste (ou du rythme)

CANAL GÉNÉRATEUR – TYPE INDIVIDUEL – CIRCUIT DU SAVOIR

Transformer le plomb en or

Ici nous explorons un savant mélange entre la guidance intérieure (du centre G) et la puissance du moteur sacral.

La porte 2, c'est la connaissance supérieure, la vision, l'énergie féminine qui guide les actions de la porte 14 des compétences du masculin sacré, l'alliance de ces deux énergies créant une ressource très puissante, une force de vie créatrice et fertile.

C'est un canal de générateur qui parle de transformation et de potentiel créatif. L'activation de l'énergie vitale du sacral au service d'une grande vision.

Tu as une capacité à créer de grandes transformations qui peuvent défier le sort. Tu es de celles et ceux qui peuvent remettre sur pied une entreprise (ou une personne) en difficulté.

Tel·le un·e alchimiste, tu sais instinctivement quoi faire dès lors que le projet choisi résonne avec ton autorité et s'active en fonction de ta stratégie et après la réponse instinctive du sacral.

3/60 : le canal de la mutation

CANAL GÉNÉRATEUR – TYPE INDIVIDUEL – CIRCUIT DU SAVOIR

Du chaos à l'ordre et de l'ordre au chaos

La porte 3 dans le sacral est comme un enfant qui veut toujours découvrir de nouvelles choses, essayer, créer en permanence. En face de lui, la porte 60 a conscience des limitations du monde et apprend à l'enfant capricieux comment « faire avec ». Ensemble, ils savent jouer avec le monde et créer des changements spectaculaires, à commencer par soi-même.

C'est un canal structurel qui te pousse à vivre **des virages à 180 degrés, des grands changements de vie, des transformations.**

Avec ce canal, tu es forcément de la famille des générateurs. Si tu arrives à faire une confiance totale à la réponse instinctive de ton sacral, tu peux être assuré·e de faire des sauts de cabri vers ta meilleure vie. C'est pour les autres que ça peut devenir plus compliqué.

Le plus difficile pour toi, c'est plutôt lorsque tu traverses une période d'inertie. La patience que ça demande de ne pas initier le changement et d'attendre la prochaine mutation avec sérénité !

4/63 : le canal de l'esprit logique

CANAL PROJECTEUR – TYPE COLLECTIF – CIRCUIT DE LA LOGIQUE

« Oui mais »

Un canal actif entre la couronne et l'intellect crée un mouvement continu entre la réception de l'inspiration et son traitement.

Comment ça se traduit ?

Reliant le centre de la couronne et celui de l'intellect par la porte 63 du doute et la porte 4 de la formulation ou des solutions mentales, c'est l'esprit qui doute en permanence et pose des postulats pour remettre en question ses remises en question.

Tu disposes d'un esprit actif qui exerce son scepticisme.

Le problème, c'est que dans le conditionnement, tu peux vite passer ta vie à douter et à t'inquiéter tout en te demandant combien de temps tu vas encore passer à t'inquiéter au lieu de profiter de la vie, ce qui va t'inquiéter...

Dis-toi que c'est ici un canal collectif, donc que la pression de libérer le mental pour laisser venir la solution sera plus simple en la mettant au service des autres.

5/15 : le canal de la cadence (ou du rythme)

CANAL GÉNÉRATEUR – TYPE COLLECTIF – CIRCUIT SENSORIEL (TANTRIQUE)

Il est urgent de ne rien faire (ou pas)

La porte 15 du centre G, appelée porte des extrêmes ou porte de l'humanité, accepte naturellement tous les excès humains. En face, la 5, dans le sacral, aime bien quand les choses sont cadencées, rythmées ; les pertes habitudes ça apaise et ça aide. C'est donc Mémé et Mimi, sa petite fille fêtarde qui, ensemble, ont la capacité de savoir qu'il y a un temps pour tout.

Ce canal te donne une capacité à connecter le rythme du monde avec ton schéma intérieur.

Se respecter et reconnaître son propre rythme demande de laisser Mémé collaborer avec Mimi.

Le sacral actif indique ici un canal de générateur. Il est donc directement lié à la réponse du sacral qui, rappelons-le, est réactif et non proactif. Le message ici est d'attendre le stimulus extérieur au lieu d'essayer d'imposer ou de suivre un timing, sous peine de créer un chaos intérieur.

Si tu respectes bien ton autorité et ta stratégie, l'univers travaillera pour toi et les heureux hasards n'en seront plus vraiment. Tu sauras naturellement quand quelque chose ou quelqu'un entre dans ta vie ou quand les projets sont mûrs.

Suivre le *flow* de la vie et se faire confiance grâce à cette connexion intérieure.

6/59 : le canal de l'union

CANAL GÉNÉRATEUR – TYPE TRIBAL – CIRCUIT DE LA DÉFENSE

Friction + intimité = youpi tralala

Ce canal relie le sacral aux émotions par la porte 59 de l'intimité et la porte 6 des conflits (ou de la friction).

Il existe chez les porteur·euse·s de ce canal un besoin de fusion créatrice. C'est l'assurance de relations explosives, profondément personnelles, pénétrantes, et assurément fertiles. Mais pas forcément sexuelles.

Encore une fois, le moteur sacral a son mot à dire, il évalue le potentiel créatif d'une relation et réagit pour créer une vague émotionnelle qui s'ouvre (ou non) à l'autre et le pousse à s'ouvrir à son tour.

Ce canal donne une aura puissante et magnétique qui rend irrésistible : attraction ou répulsion. Il est facile de confondre cette intensité avec du flirt, créant des situations compliquées, que ce soit mal pris ou (un peu trop) bien pris.

Le circuit de défense est l'énergie de la procréation et de l'éducation des enfants. Il est cap de déclencher des guerres pour protéger sa tribu et la mettre en paix. C'est une énergie primaire et puissante de maman ourse.

Tu dois trouver une subtile alliance entre l'élan du sacral et le discernement présent dans la clarté émotionnelle.

7/31 : le canal de la dominance

CANAL PROJECTEUR – TYPE COLLECTIF – CIRCUIT DE LA LOGIQUE

Le général qui devient président

La porte 7 dans le centre G évoque un général de l'armée qui mène ses hommes à la victoire en séduisant les cœurs au lieu de les mener à la baguette. Ajoutons-lui la porte 31 de l'influence présente dans la gorge, et tu deviens l'ALPHA. C'est l'autre nom de ce canal.

En général, c'est un canal qui donne une capacité à être suivi·e dans ses idées. Le leadership cartésien qui connaît le chemin et guide avec certitude et autorité.

Ce canal exige de se débarrasser du syndrome de l'imposteur en remplaçant définitivement la modestie par une forme d'humilité consistant à accepter son rôle de leader pour la cause.

Une personne qui rejette son propre leadership peut se retrouver à être juste un gros *relou* autoritaire qui veut faire à sa manière tout en refusant de déléguer.

Alpha veut dire « le premier ». Dans une meute, c'est celui qui conduit la troupe vers l'arrivée, il n'est pas « supérieur », il est au service de sa meute.

9/52 : le canal de la concentration

CANAL GÉNÉRATEUR – TYPE COLLECTIF – CIRCUIT DE LA LOGIQUE

Y-a-t-il un pilote dans ce corps ?

Ici, on relie le moteur sacral au centre racine et sa capacité à gérer la pression et l'adrénaline. Globalement, faire avancer les choses d'une part et sa vie de l'autre.

La porte 52 dans la racine, c'est la montagne. Elle parle de calme et de retenue, de savoir prendre de la hauteur. Mais avant d'arriver en haut et de profiter du panorama, il faut la gravir, cette montagne. C'est le job de la porte 9 dans le sacral. Activée pour les bonnes raisons, elle parle de l'attention aux détails. C'est ce qui va permettre à l'alpiniste de grimper sans tomber. Une capacité à connaître ta destination (le sommet) et à prêter attention à tous les détails qui vont t'aider à y accéder. Une vision focus laser et une attention soutenue.

Une capacité à concentrer ton énergie vers son objectif et à ne jamais la lâcher.

Ce qui nous donne une personne tenace et visionnaire. Un atout considérable dans une aventure risquée et innovante, et plus globalement vers tout ce qui est orienté vers le futur. Une personne perfectionniste, un peu tatillonne, motivée par la perspective de faire bouger les choses, qui apprécie la montée d'adrénaline du combat qui s'engage.

Il s'agit aussi de la capacité à canaliser et rassembler ton énergie et même ton stress en une énorme boule de puissance à lancer lorsque ton plan sera prêt.

Avant de passer à l'action, visualise la réussite totale.

10/20 : le canal de l'éveil

CANAL PROJECTEUR – TYPE INDIVIDUEL – CIRCUIT DE L'INTÉGRATION

« Sois toi-même » est ton mantra.

Ce canal, qui relie la porte 10 du comportement du soi et la porte 20 du moment présent dans la gorge, fait résonner en celui qui l'active un fort sentiment d'identité et d'amour de la vie. Il s'appelle canal de l'éveil, car il exprime le besoin d'être éveillé à des principes qui transforment la connaissance individuelle en action juste. C'est une capacité, un besoin de vivre chaque instant avec authenticité et en accord avec soi-même, avec un code de comportement permanent.

Un état de pleine conscience qui affirme qui on est à chaque instant. Un vrai canal d'intégrité et de leadership personnel. Lorsqu'on y arrive, on devient alors un vrai leader pour les autres.

Et si tu as parfois du mal à maintenir la confiance en soi nécessaire à l'expression de ce leadership, dis-toi que les gens le voient et que le simple fait d'être toi-même influence et inspire les autres à être authentiques et au clair avec eux-mêmes.

Tu dois cependant t'appuyer sur la puissance des deux portes qui composent ce canal pour entretenir ta confiance et rester *cool* en attendant l'invitation ou la sollicitation selon ton type.

Ici aussi, ta voix parle pour toi ; selon ton alignement intérieur, elle peut te représenter ou te trahir.

10/34 : le canal de l'exploration

CANAL GÉNÉRATEUR – TYPE INDIVIDUEL – CIRCUIT DU CENTRAGE

Avoir le courage de ses convictions

Dans le centre G, la porte 10 éveille des comportements des profondeurs de notre être qui nous amènent à nous accepter, à nous honorer et à nous aimer, là où, dans le sacral, la porte 34 du pouvoir fournit la force intérieure nécessaire pour appuyer les convictions qui nous permettent de croire en nous et de nous accepter.

Ce canal t'invite à te faire confiance, à suivre ta guidance personnelle et te débarrasser de toute culpabilité. Il te demande de savoir identifier la réponse du sacral (la fameuse) pour permettre aux autres de prendre exemple et de se connecter à leurs propres convictions.

C'est évidemment un canal de générateur, puisque sacral actif (pardi), et donc réactif et non proactif.

Il ne s'agit pas ici de s'imposer de manière rigide et agressive en mettant ton individualité à la face de tout le monde, il s'agit au contraire d'être connecté·e à toi-même de manière naturelle et fluide. Certes, tu n'en fais qu'à ta tête et ça en impose sévère.

Ce canal te confère une aura inspirante qui va donner envie de s'affirmer en douceur.

10/57 : le canal de la survie

CANAL PROJECTEUR – TYPE INDIVIDUEL – CIRCUIT DE L'INTÉGRATION

Celui qui passe entre les gouttes

Aussi appelé canal de la forme parfaite, il relie la porte 57 de la douceur intuitive dans la rate et la 10 du comportement du soi dans le centre G. La conscience splénique est principalement axée sur le bien-être physique et la survie. La porte 57 apporte les informations de l'extérieur : elle te souffle ce qui est sain et bon et ce qui ne l'est pas, là où la porte 10 va parler de la manière d'interagir avec les autres afin de parfaire ou d'assurer la survie de l'individu.

Il dit en résumé que tu t'aimes bien trop pour te laisser mourir.

Tu as l'âme d'une tête brûlée invincible protégée par des forces invisibles, disposant d'un talent naturel pour esquiver le danger et se tirer indemne de toutes les situations.

Au fond, tu sais que tout ira bien, alors tu vis à fond et te lances dans tous les projets qui résonnent, avec un doux mélange d'appréhension et de confiance. L'intuition de ta rate surpuissante te met sur le bon chemin et te fait suivre les bons projets.

Ce talent naturel s'étend à ton environnement proche, faisant qu'à tes côtés, on est protégé·e et on ressent le caractère précieux d'une vie vécue en connexion avec soi-même. Tu as la capacité d'éliminer naturellement chez les autres la peur de l'avenir et de l'échec, et de les reconnecter à la puissante énergie de la joie.

11/56 : le canal de la curiosité

Entre les portes 11 de l'intellect et 56 de la gorge.
CANAL PROJECTEUR – TYPE COLLECTIF – CIRCUIT SENSORIEL
Entre Pierre Bellemare et Antoine de Maximy

La porte 56, c'est un nomade doté d'une curiosité insatiable qui a besoin d'apprendre de nouvelles informations en permanence. Sa présence dans la gorge indique qu'il s'agit avant tout de transmettre quelque chose. Mais quoi ? C'est là qu'intervient la porte 11 des idées dans le centre de l'*ajna*, l'intellect, qui va essayer de tirer une conclusion, une analyse, de transformer l'expérience en idée.

Tu as donc la capacité de partager les conclusions de tes analyses en expliquant ton cheminement afin que le message passe bien. Tel un Socrate de l'ère moderne (maïeutique 2.0), tu ne cherches pas des réponses pour les faits, mais pour l'effet.

D'ailleurs, c'est la seule raison qui te pousse à t'intéresser à toutes les philosophies et toutes les sagesses : il ne s'agit pas de trouver des réponses à des questions que TU te poses, mais d'enrichir ta réflexion et de créer tes propres conclusions pour répondre aux grands préoccupations du monde. La porte 56 aime changer de lieu et découvrir des choses pour pouvoir raconter ses aventures, là où la 11 lui permet de les mettre en ordre et d'en tirer des leçons.

Ce qui te donne un grand pouvoir de *storyteller* qui va puiser dans le sensoriel pour faire passer ses idées.

12/22 : le canal de l'ouverture

CANAL MANIFESTEUR– TYPE INDIVIDUEL– CIRCUIT DE LA CONNAISSANCE

La drama queen

Comme tous les canaux reliant la gorge à un moteur (les émotions), il s'agit d'un canal réservé aux manifesteurs ou aux générateurs-manifesteurs.

Ici, la porte 22 invite à se relier à ses émotions pour accueillir la grâce dans sa vie. Elle t'aide à faire le tri de ce qui est gracieux et disgracieux. Si elle est d'humeur, elle invite l'autre à s'ouvrir. En face, la porte 12 dans la gorge parle de prudence. Elle avance à tâtons pour vérifier qu'elle peut y aller. Elle invite à l'immobilité.

C'est un canal d'une grande intensité qui permet d'exprimer la gamme des émotions.

Cette intensité va avoir des conséquences qui dépendent de la réceptivité de la personne en face. Soit elle s'ouvre, et arrivent des moments de grâce où s'écrivent les destins, soit elle se ferme et tu passes pour une grosse diva capricieuse à la merci de tes états d'âme.

C'est un peu le canal des comédien·ne·s, des chanteur·euse·s et des artistes du spectacle qui savent te faire pleurer juste en récitant une poésie de CE1.

Ton autorité forcément émotionnelle te demande de ne pas agir impulsivement et d'attendre le bon moment. N'oublie jamais que tes émotions sont des informations. Tu peux les examiner et les honorer en écoutant le message qu'elles te transmettent. Avec ton centre défini, tu es un catalyseur pour les autres ; si tu te sens bien, tout le monde se sent bien, et vice versa !

13/33 : le canal du prodigue

CANAL PROJECTEUR– TYPE COLLECTIF– CIRCUIT DU RESSENTI

Le témoin du monde

Ce canal relie la porte 13 de l'écoutant dans le centre G à la porte 33 du repli (ou de la vie privée) dans la gorge, qui doit être la plus discrète des portes de ce centre. Cela donne une capacité à transformer ton vécu en leçons que tu prodigues au monde désireux de t'entendre, tel un reporter de la vie mais aussi une source de grande sagesse.

La porte 13 écoute et emmagasine l'information, les secrets, les potins et tout ce dont on peut tirer une leçon et la porte 33 se retire pour réfléchir à la leçon la plus profonde qu'on peut en tirer.

Évidemment, tu attires les confidences, c'est énergétique, les gens te déballent tous leurs secrets et terminent toujours par « je sais pas pourquoi je te dis ça ».

C'est un canal de leadership qui permet d'offrir une direction aux autres et de donner un sens à leur vie.

Ton défi va être de révéler ta sagesse au bon moment, pas trop tôt sinon le monde n'est pas prêt, pas trop tard sinon ce n'est plus un secret.

Pour un maximum d'impact, commence tes phrases par « je me souviens » ou « d'après mon expérience ».

16/48 : le canal du talent

CANAL PROJECTEUR– TYPE COLLECTIF– CIRCUIT DE LA LOGIQUE

J'aurais voulu être un artiiiiiissssss

La porte 16 dans la gorge, c'est la porte de l'enthousiaste, elle te parle du discernement nécessaire pour savoir ce qui te fait réellement *kiffer*, de le faire, de ne faire que ça jusqu'à ce que tu deviennes ce que tu fais. En face, le centre splénique te permet de gérer la peur et de creuser encore plus loin. La porte 48 de la profondeur, c'est le puits (de science, mais pas que) sans fond dans lequel tu vas poser la connaissance et construire le talent emmagasiné par la porte 16.

On l'appelle aussi canal de la longueur d'ondes. Quand on est sur la même longueur d'ondes entre nos dons naturels, notre savoir-faire construit et ce qu'on aime, tout simplement.

Le talent ce n'est pas juste un don, c'est une équation :

DON + PRATIQUE x *KIFF* = TALENT

Le connexion entre ta gorge et ta rate te permettra de trouver ton talent unique, de le développer grâce à une pratique régulière et acharnée et de le laisser éclore comme la plus belle des plantes.

Attention, car ici la 48 peut aussi poser des peurs de ne pas avoir assez bossé ou perfectionné, de ne pas savoir assez. Il faut faire confiance au discernement de la 16, qui t'a fait choisir la discipline où tu vas briller et te permet de t'entourer de personnes qui vont te pousser et t'apporter le support nécessaire à ta réalisation. Alors, tu deviens l'incarnation de ton art.

17/62 : le canal de l'organisateur

CANAL PROJECTEUR – TYPE COLLECTIF – CIRCUIT DE LA LOGIQUE

Marie Kondō de la pensée

Aussi nommé canal de l'acceptation, il relie l'intellect et sa porte 17 des opinions avec la porte 62 de l'expression des détails dans la gorge.

En gros, il s'agit d'utiliser les éléments déjà fournis pour organiser mentalement les choses. On parle d'acceptation des forces en présence. Tel un bibliothécaire fou qui a besoin d'analyser, classer et organiser les informations dont tu disposes, tu peux aussi te retrouver tout·e confus·e.

Ça arrive dès que ton système de classement n'arrive pas à cataloguer le système de pensée d'une personne.

Bien plus qu'une personne douée pour l'organisation, tu es fait·e pour appartenir à des cercles de réflexions avant-gardistes.

Il est dit ici aussi dans le circuit collectif que tes compétences d'organisateur s'appliquent beaucoup mieux pour le bien commun que pour toi-même.

L'activation de la gorge te donne ce besoin et la capacité de partager tes réflexions, et ta capacité à dérouler un raisonnement par petites strates te donne une force de conviction et une capacité à démonter tout argument contradictoire.

18/58 : le canal du jugement

CANAL PROJECTEUR – TYPE COLLECTIF – CIRCUIT DE LA LOGIQUE

Objection votre honneur !

Ce canal, c'est d'abord la porte 18 de la correction qui se trouve dans le centre splénique. Elle a besoin d'améliorer les choses, de les corriger. Ce qui te donne un petit côté jamais satisfait·e. La première chose à savoir, c'est que si on te reproche de critiquer le monde, le gouvernement, ta mère, ton père et le Saint-Esprit, c'est que quelque part tu te le reproches toi-même !

La deuxième, c'est que la porte 58 de la vitalité joyeuse est ton gage de bon sentiment ! Elle donne à ta 18 l'envie d'améliorer les choses pour le bien-être de l'humanité. C'est une porte fondamentalement bienveillante.

La troisième, c'est que ta rate a toujours raison. Si tu es insatisfait·e, c'est que le problème existe avec ou sans ton regard dessus.

C'est plus fort que toi en fait, les rates définies disposent d'une capacité innée à diagnostiquer les maladies et les déséquilibres, et chez toi, ça s'applique à toute la société. Tu sais quand quelque chose doit changer puisque naturellement tu deviens insatisfait·e. C'est ta boussole. Alors tu peux cesser de tourner ce regard critique vers toi et avoir l'impression d'être monsieur ou madame jamais content·e. C'est ton job et tu le fais pour le bien de tou·te·s.

Reviens toujours à ton type et à ton autorité pour savoir quand et comment activer la sagacité de ce canal.

19/49 : le canal de la sensibilité

CANAL PROJECTEUR – TYPE TRIBAL – CIRCUIT DE L'EGO

Hypersensible, ça te parle ?

Aussi nommé le canal de la synthèse, il relie le centre de la racine et la porte 19 du désir au centre du plexus solaire, les émotions, où se trouve la porte 49 de la révolution. On l'appelle aussi porte des principes car elle pousse à rejeter ou accepter des systèmes ou des personnes pour le bien de la tribu. La révolution oui, mais uniquement si elle sert les membres de la tribu.

Tu es une personne connectée aux autres par le biais de ses sens et de ses sensations. Tu sais ce qu'ils ressentent, cela fait de toi une personne réellement hypersensible.

La pression de ta racine te pousse à tendre les bras, à calmer et soutenir les autres. Les êtres vivants (gens et animaux) se dirigent naturellement vers toi, tandis que le plexus solaire fait le tri de ce qui n'est pas compatible avec le bien-être de ta communauté.

Cette énergie, cette sensibilité s'exprimant dans le circuit tribal de l'ego ne sont ni abstraites (liées à l'expérience) ni logiques (liées à la justice), elles ont besoin d'être reconnues. Comme un projecteur. Ce qui te rend sensible aux critiques. En effet, c'est un canal projecteur qui peut être possédé par un générateur, mais il est exclusif aux autorités émotionnelles.

Ta mission, si tu l'acceptes, sera alors de bien t'occuper de toi-même comme tu le fais pour les autres et d'écouter tes propres émotions également. Si tu te perds, tu ne peux aider personne.

Si tu y arrives, alors tu pourras mettre au jour des dons exceptionnels, des dons de guide spirituel·le mais aussi de guérisseur·euse.

20/34 : le canal de l'activité constante

CANAL MG – POUVOIR PERSONNEL – CIRCUIT DE L'INTÉGRATION

Actif, occupé et heureux

On l'appelle aussi canal du charisme. Il relie le moteur sacral à la puissance d'expression de la gorge par la porte 34 du pouvoir et la porte 20 du moment présent.

C'est forcément un canal de générateur-manifesteur, puisque la gorge est reliée au moteur sacral (tu suis toujours ?). Le besoin de manifester est guidé par la réponse sacrale.

On est dans l'expression parfaite du MG : attendre de répondre aux stimuli extérieurs pour que ton pouvoir soit bien dirigé dans le monde. Le GM est une boule d'énergie qui ne demande qu'à se mettre en route.

Ton *kiff*, c'est de t'enfermer des heures pour faire ce qui te plaît. Uniquement ce qui te plaît. Sinon le sacral, il est pas d'accord.

Et ce qui te plaît, tu as besoin de le partager, de le faire sortir par le centre de la gorge. Tu peux inspirer de nombreuses personnes, si tu ne fais pas l'erreur typique du MG, qui est de remplacer la réponse sacrale par des obligations créées par le mental.

20/57 : le canal des impulsions involontaires

CANAL PROJECTEUR – POUVOIR PERSONNEL –
CIRCUIT DE L'INTÉGRATION

OUPS ! I did it again !

Il est plus souvent nommé le canal de l'onde cérébrale, mais j'aime beaucoup cette terminologie, alors je garde les impulsions involontaires. Il relie la porte 57 de la douceur intuitive dans la rate à la porte 20 du moment présent dans la gorge. Avec cette porte, on est donc toujours dans l'expression du moment.

Et pour toi, il s'agit de réactions instinctives.

Que dire de plus ? Il y fort à parier que tu ne sois pas capable de t'empêcher de dire une vérité qui te vient, pas toujours de la bonne manière.

Ce canal te donne une capacité à comprendre avec finesse les éléments en présence, à radiographier les événements dans tous leurs aspects : tu vois, entends et ressens ce qui n'est pas dit. La porte 57 est acoustique, elle te parle dans l'oreille. Ta gorge répond et parfois elle s'emballe. Le conditionnement peut t'amener à te juger lorsque tes paroles ou le ton de ta voix choquent ou mettent mal à l'aise.

C'est le genre de canal qui demande de bien se connaître, d'identifier tous tes centres définis et non définis, et de bien nettoyer pour les utiliser au mieux de leur potentiel. Ce sont eux qui doivent bosser pour toi et pas l'inverse.

Alors tu sauras que ton véhicule terrestre ne fait qu'obéir à ton Design parfait. Fais-toi confiance et laisse marcher cette conscience vibratoire et acoustique, laisse venir ces éclats verbaux d'intuition qui sont à même de créer de grandes transformations chez les personnes qui t'écoutent.

Ce canal te donne le pouvoir de comprendre une situation en un instant, et ta gorge définie te donne la capacité à exprimer et dénouer cette situation.

21/45 : le canal de l'argent

CANAL MANIFESTEUR – TYPE TRIBAL – CIRCUIT DE L'EGO

Comment on fait mieux ?

Ce canal de manifesteur relie la gorge au moteur du cœur. Il peut bien sûr être actif chez un GM si le sacral est actif.

La porte 21 dans le cœur parle de contrôle, c'est le gestionnaire. Reliée à la porte 45 du régent, qui supervise et rassemble son peuple, elles s'agencent pour t'offrir la capacité à amasser des richesses et te baigner dedans. En quelque sorte.

Ce n'est pas tant que tu vas devenir milliardaire même si tu le peux ! C'est que tu disposes d'une vraie facilité à faire circuler l'argent.

Tu sembles avoir percé un des mystères de l'abondance en comprenant que l'argent n'est pas un avoir ou une possession, mais une énergie que tu utilises, au même titre que le temps ; et comme lui, elle passe en quantité illimitée dans un flux régulier et constant. Tu sais accueillir et maîtriser le plan matériel. Mais c'est un canal à double tranchant qui parle de ton pouvoir créateur.

C'est ce que tu crées avec ton esprit qui crée ta réalité. Si tu es persuadé·e par exemple que tu dois FAIRE beaucoup pour obtenir beaucoup, alors le résultat sera à la hauteur de ta croyance.

Certaines personnes ayant ce canal actif ne gagnent pas d'argent, car elles pensent ne pas l'avoir mérité : en réalité elles ne l'ont pas matérialisé, elles ne l'ont pas désiré. On retrouve aussi des personnes qui, ayant ce canal, ont régulièrement des problèmes d'argent, doivent emprunter à droite à gauche pour s'en sortir et se mettent dans des situations compliquées. C'est la manière qu'a le subconscient de compenser les croyances limitantes. Le fait est que si tu as ce canal actif, tu trouveras toujours le moyen de t'en sortir !

Alors il est temps de l'utiliser !

23/43 : le canal de la structuration

CANAL PROJECTEUR – TYPE INDIVIDUEL –
CIRCUIT DE LA CONNAISSANCE

Tu es perspicace et ça se voit !

Le canal de la structuration connecte le centre de l'*ajna* (intellect) à la gorge par la porte 43 de l'intuition qu'on appelle aussi porte des découvertes capitales, et la porte 23 de l'assimilation, te donnant une capacité à faire voir l'ensemble de la situation et les petits liens internes. Là où certains vont trouver des réponses presque « magiques » par l'intuition, l'expression de TON troisième œil se fait par l'observation, l'évaluation mentale et le raisonnement.

Il s'agit de l'un des plus puissants des trente-six canaux.

Tu peux ainsi avoir des éclairs de sagacité soumis à l'impératif de les partager. C'est carrément un besoin de partager tes idées afin de créer des prises de conscience.

Tu es donc une personne dotée de discernement et d'une lucidité éclair qui peut bousculer, mais c'est presque ta mission de faire passer le message. En revanche, tes points de vue réformateurs, parfois les gens ne sont pas prêts... c'est là qu'il faut se référer à ton autorité et à ton type : pour identifier le bon moment. Si tu t'exprimes dans de mauvaises circonstances, tu peux devenir un vrai danger public, un Asperger de la pire espèce.

Raisonnement logique + conclusion + stratégie de ton type et de ton autorité + voix = Socrate dans ton *body*.

Tu as la capacité de transformer la vie des gens et tu seras toujours écouté·e avec ferveur et suivi·e avec entrain.

24/61 : le canal du penseur

CANAL PROJECTEUR – TYPE INDIVIDUEL –
CIRCUIT DE LA CONNAISSANCE

Pourquoi ? Pourquoi ? Pourquoi ?

Un canal actif entre la couronne et l'intellect crée un mouvement continu entre la réception de l'inspiration et son traitement. Comment ça se traduit ? Très simplement par un besoin permanent de tout analyser, de tout rationaliser, de tout comprendre. Épuisant !

Comme s'il y avait toujours une vérité à trouver, et dès lors qu'on s'approche d'une solution, on va en chercher une autre, car il n'y a pas de vérité absolue et que tout peut être remis en question.

Pendant que la porte 24 de la rationalisation dans l'intellect essaie de tout comprendre et d'analyser, la porte 61 dans ta couronne te pousse à trouver ta vérité intérieure. Le principe étant pour toi de trouver la réponse qui te convient, celle qui résonne avec toi et que tu peux accepter comme telle... à moins que... Raaaah.

Je l'appelle le canal du casse-bonbons. Et la première victime de ce tourbillon infernal n'est personne d'autre que toi-même.

En vérité, ce canal c'est la source d'une connaissance infinie, la réponse à tout. Sa capacité à détruire les schémas et à comprendre les mécanismes et les cycles est l'arme absolue du changement et de l'innovation. Avec ce canal activé, tu as la capacité de dénouer tous les blocages.

Tu dois juste savoir que tu ne peux pas utiliser la pensée pour obtenir quelque chose ou aller quelque part, tout simplement car tu ne PEUX pas contrôler ta pensée. L'éveil spirituel arrivera au moment voulu. Tu dois avoir confiance et laisser ton cerveau faire son travail en sachant que la vérité intérieure se fera connaître.

25/51 : le canal de l'initiation

CANAL PROJECTEUR – TYPE INDIVIDUEL – CIRCUIT DU CENTRAGE

Ils ne savaient pas que c'était impossible, alors ils l'ont fait !

La porte 51 de l'audace dans le centre du cœur est compétitive et aime choquer. Elle est reliée à la porte 25 de l'innocence dans le centre G qui voit de la beauté en tout et accueille la vie avec candeur.

Comment ça fonctionne ? C'est simple. Tu es une personne ambitieuse, énergique et audacieuse. Cette audace qui te pousse à défricher les terres inconnues puise sa source dans ta capacité à voir la vie comme une aventure formidable, un terrain de jeu. Une alliance de passion et d'amour-propre qui te pousse à sans arrêt sortir de ta zone de confort pour débloquer de nouvelles compétences et ainsi devenir le maître du destin.

Tu es dans le secret des dieux. Ce qui te rend à la fois mystique et individualiste, doté·e d'un ego très fort. Tu le fais avant tout pour toi, pour grandir, et parce que tu es connecté·e aux mondes à la fois matériel et spirituel.

Pour toi, il n'y a pas d'autre forme d'amour que l'amour universel et inconditionnel. Le romantisme te fait chier, la passion t'agace, ce sont pour toi des caprices d'enfant. Le monde évoluera quand les gens arriveront à aimer leur vie et leur prochain de manière universelle et inconditionnelle. Quand comprendront-ils que tout est possible ? Quand arriveront-ils à dépasser leurs limites ?

Audace et exigence sont des valeurs universelles, et finalement c'est ton amour des autres et ta capacité à croire en eux qui nourrit ton amour de toi.

En une phrase : ton cœur est à sa place !

26/44 : le canal de l'esprit d'initiative

CANAL PROJECTEUR – TYPE TRIBAL – CIRCUIT DE L'EGO

Le juste prix !

Dans la rate, le splénique, se trouve à la porte 44 (les schémas). Elle te donne une capacité à décrypter les données que tu reçois. On l'appelle aussi porte de la vigilance, car elle donne une acuité sur les structures et les suites telles que le passé, le présent et le futur.

En face, la porte 26 de l'accumulation présente dans le centre du cœur donne le désir d'obtenir toujours plus. Plus d'informations, plus de données, plus de richesses aussi. On l'appelle porte de l'égoïste, car elle t'assure de recevoir à hauteur de ce que tu donnes.

C'est le canal des vendeurs et des gens du marketing.

Tu es capable de trouver la JUSTE solution pour la BONNE personne dans les BONNES conditions.

C'est ce qui fait de toi une personne persuasive au possible, un vendeur-né. Tu es aussi un messager déterminé, et c'est cette détermination qui te rend capable de séduire et de convaincre n'importe qui dès lors que ce que tu dis vient du cœur.

Tu relies les désirs du cœur et les besoins de la survie, et dès que tu sais que ce que tu proposes fera une vraie différence, plus rien ne peut t'arrêter.

27/50 : le canal de la préservation

CANAL GÉNÉRATEUR – TYPE TRIBAL – CIRCUIT DE LA DÉFENSE

Protect and serve (me first) !

Le sacral et la rate sont les alliés de la santé (slogan !).

MAIS canal tribal oblige, on parle surtout de préserver ton petit monde.

En effet, la bienveillante porte 27, la nourricière présente dans le sacral, ne jure que par le bien-être de la tribu, là où la porte 50 des valeurs, présente dans la rate, porte en elle le besoin d'ordonner la tribu, de la rassembler sous un système de valeurs qui sert de guide.

Une énergie altruiste qui te donne envie de protéger, nourrir, soigner, mais qui ne doit pas s'oublier.

Instinctivement, ta rate définie sait que charité bien ordonnée commence par soi-même et que tu ne peux aider personne si tu n'es pas toi-même en bonne santé mentale et physique. Tu ne DOIS pas laisser ton instinct tribal materner les autres.

Tu es sur Terre pour préserver : l'humanité, un projet ou un style de vie... quoi que tu préserves.

C'est donc toi que tu dois écouter en premier pour te connecter à la vibration de ton sacral et aux réponses instinctives de ta rate.

Et cette idée s'applique à ton couple, ton job, ta famille, ton voisinage.

28/38 : le canal de la lutte

CANAL PROJECTEUR – TYPE INDIVIDUEL –
CIRCUIT DE LA CONNAISSANCE

Vivre, quitte à en mourir !

C'est un canal puissant et très éclairant qui parle avant tout du sens de la vie.

Le centre de la racine lié à la direction de vie abrite la porte 38 de l'opposition. Une pression à conserver son intégrité personnelle malgré les oppositions. Une tendance insolente à défier l'autorité. En face se trouve la porte 28 du joueur invétéré dans la rate, centre de l'adrénaline, qui se relie à la peur de mourir. C'est un canal qui rend intense, intègre et surtout entier·ère.

En fait, c'est simple : il faut que la vie ait un sens et que les défis que l'on rencontre aient un objectif ; alors on peut tout faire, tout combattre et tout surpasser.

Connaître sa mission de vie et la vivre pleinement. Il s'agit aussi d'un Design de sportif pour qui la lutte et l'effort font partie de la construction d'une vie pleine et entière.

Tu peux être totalement yogi. Trouver le confort dans l'inconfort et explorer les forces antagonistes pour développer ton être de lumière. Tu peux révolutionner des sociétés ou la vie des gens. Toute la gamme de la lutte est en toi, et tout dépend ensuite de ta vie, de tes choix et de la manière dont tu vas réussir à suivre ton autorité et la stratégie de ton type.

29/46 : le canal de la découverte

CANAL GÉNÉRATEUR – TYPE COLLECTIF – CIRCUIT SENSORIEL

Dora l'exploratrice

La porte 29 est activée de manière très claire par la réponse du sacral. Le fameux OUI vibrant. Alliée à la porte 46 qui te donne la capacité à te trouver au bon moment au bon endroit, elle active ce canal qui est une merveille d'expérience de tout ce que nous enseigne le développement personnel à travers les âges.

Tout est là : dans ce canal reliant l'énergie inépuisable et l'instinct du sacral avec la détermination du soi. Te donnant un instinct sûr pour savoir où aller.

Il est essentiel de bien se connecter à ton type et à ton autorité pour choisir le chemin sur lequel s'engager, car tu iras au bout. Quand tu es aligné·e et que tu te lances sans savoir où tu vas, pour le plaisir de l'expérience, tu es sûr·e à 100 % de réussir. En revanche, cela a prix : celui de l'alignement.

Si tu t'engages dans les bons projets avec les bonnes personnes : *success is assured*.

Et en fait, tu sais quoi ? C'est pas tellement de la magie en vrai, c'est juste la force de ton Design qui te donne une énergie et une passion qui rendent l'échec impossible.

30/41 : le canal de la reconnaissance

CANAL PROJECTEUR – TYPE COLLECTIF – CIRCUIT SENSORIEL

Visionnaire ? Sans aucun doute… Un peu trop perché ? Possible…

Prendre ses désirs pour en faire des réalités. C'est tout le sujet de ce canal qui relie la porte 41 de l'imagination dans la racine avec la porte 30 des désirs dans les émotions.

La racine est un centre de pression qui est aussi un centre moteur. Ainsi, la pression à trouver un sens à la vie alimente l'imagination pour envisager tous les futurs possibles, là où les émotions du plexus solaire vont faire chauffer le moteur. C'est ce qui va te pousser à suivre tes envies, pour être en vie.

Tu fais partie de celles et ceux qui écrivent le futur. Ta manière de procéder est simple : tu es avide de nouvelles expériences, et toute expérience devient une mission. Pris·e dans tes projections, tu peux parfois perdre pied avec le présent, mais tu es occupé·e à imaginer un monde meilleur pour les humains, alors bon.

Tout en toi, depuis ton imagination jusqu'à tes rêves, tes visions, tes méditations et même ton rationnel, te montre des futurs possibles.

N'oublie pas d'entretenir la clarté émotionnelle dont tu as tant besoin.

32/54 : le canal de la transformation

CANAL PROJECTEUR – TYPE TRIBAL – CIRCUIT DE L'EGO

Le coach

C'est un canal particulier qui relie la porte 54 de l'ambition dans la racine avec la porte 32 de la durée dans la rate. L'ambition dans la durée. Pas trop difficile à comprendre.

Un canal qu'il faut assumer et accepter. Il dit que la réussite est très importante pour toi. Il s'agit de grimper dans l'échelle sociale. Une ambition soutenue par la peur de l'échec qui te donne la capacité d'être un bourreau de travail et de disposer d'un grand pouvoir d'adaptation.

Ce qu'il te faut intégrer désormais, c'est que la réussite est un choix et un dessein. Un dessin aussi. C'est toi qui vas décider de l'ordre de ta réussite.

On parle plus d'épanouissement que de réussite, pour être exacte.

D'ailleurs, c'est le canal de la transformation, pas de la réussite.

C'est surtout un besoin de sécurité qui est en jeu, et le besoin de ne pas être à la traîne sur la vie.

Il est important de noter que l'énergie de ce canal coule entre la rate (besoin de sécurité et survie) et la racine (sentiment d'appartenance et ancrage) ; c'est donc une notion de réussite qui est liée à la transformation : la capacité de transformer la vie des gens et le destin des projets auxquels tu contribues. C'est à ce prix que ta propre réussite arrivera comme une reconnaissance.

Les gens qui ont la racine connectée à la rate sont également de ceux qui bénéficient de l'exercice physique !

34/57 : le canal du pouvoir

CANAL GÉNÉRATEUR – TYPE INDIVIDUEL – CIRCUIT DE L'INTÉGRATION

I got the power !

Ici, on retrouve la porte 57 de l'intuition ou de la douceur dans la rate reliée à la porte 34 du pouvoir dans le sacral. C'est donc un canal de générateur qui est activé par la fusion entre l'intuition splénique et la puissance sacrale. Impossible de ne pas sentir le danger avec une telle équipe de protection !

L'intuition de saisir le pouvoir du moment présent. Si tu suis l'intuition de ta rate et l'énergie de ton sacral, ta capacité d'action est pratiquement inconcevable pour le genre humain.

D'autre part, l'intuition parle aussi de douceur et d'harmonie. Or remettre la douceur et l'harmonie avec le pouvoir, qu'est-ce que ça veut dire ? Remettre les gens d'aplomb tout simplement.

Tu as une âme de sauveur guidé par le besoin de redresser la situation et de sauver les autres, de donner un second souffle aux personnes cassées par la vie.

Ce mariage d'une puissante énergie et d'une intuition judicieuse te permet de donner du rythme à une vitesse phénoménale ; tu peux prendre un projet en cours et six minutes après lancer la révolution qui va le redresser, ton énergie agissant sur les autres comme un puissant stimulant.

Mais attention à bien vérifier que cet objectif entre en résonance avec toi. Aider les autres et les voir grandir et sortir de leur caca mental est une sensation fabuleuse, à condition de ne pas s'y perdre.

35/36 : le canal de la versatilité

CANAL MANIFESTEUR – TYPE COLLECTIF – CIRCUIT SENSORIEL

L'homme-orchestre

Dans les émotions, la porte 36 donne une propension à VIVRE la crise et à la dénouer, là où la porte 35 dans la gorge encourage la progression et pousse au changement. La versatilité ici est entendue comme un caractère transitoire.

Il s'agit d'un canal de manifestation qui recherche des expériences. Le problème, c'est qu'il est forcément lié aux vagues émotionnelles (le centre des émotions défini est TOUJOURS l'autorité), donc il va créer une sorte de confusion intérieure qui peut donner l'impression d'être un peu… bipolaire, disons.

Alors que pas du tout, c'est juste ton Design.

Parce que ton intensité te pousse parfois à en vouloir un peu trop, tu serais capable de provoquer une crise juste pour tester son potentiel transformateur.

Touche-à-tout peur de rien, ce besoin permanent de nouveaux défis et de nouveaux horizons peut être déstabilisant pour l'entourage.

La société et son conditionnement ont décidé que la versatilité est un gros défaut, et que l'impermanence était le signe d'une instabilité. Mais en accueillant à bras ouverts ce canal foufou, tu peux avoir un impact profond sur les gens, en les aidant à prendre des risques, à se reconnecter à leur petit explorateur intérieur et à déposer leur peur du changement.

37/40 : le canal de la communauté

CANAL PROJECTEUR – TYPE TRIBAL – CIRCUIT DE L'EGO

Le Parrain

Le canal de la communauté relie le centre du plexus solaire au centre du cœur par la porte 37 de la famille et la porte 40 de la délivrance.

Cette porte de la délivrance (aussi appelée porte de la solitude) est une porte du cœur et de l'ego (oui, c'est la même chose), où délivrer est entendu au sens de libération mais aussi de livraison. On y parle de travailler pour nourrir sa famille, mais aussi de reconnaissance et de repos. Et ça tombe bien, car la porte 37 pousse à trouver sa place au sein de la communauté.

C'est le papa et la maman réunis en toi.

Les gens qui ont ce canal actif ont un grand sens de la famille, ils apprécient les grandes tablées du dimanche et les traditions familiales. Tu aimes les mariages, les enfants, les relations sincères et les poignées de mains franches, et tu es constamment à la recherche d'allié·e·s et de personnes qui partagent tes valeurs.

Cet état d'esprit peut aller jusqu'à te rendre intraitable : les gens qui ne respectent pas leurs engagements et tes valeurs peuvent partir sans se retourner.

C'est dans la neutralité émotionnelle que tu vas pouvoir choisir la bonne tribu et la bonne communauté à choyer.

39/55 : le canal de l'expression des émotions

CANAL PROJECTEUR – TYPE INDIVIDUEL – CIRCUIT DU SAVOIR

Un Design soupe au lait

Le canal de l'émotivité relie le centre de la racine au centre du plexus solaire par la porte 39 de la provocation et la porte 55 de l'abondance.

À l'origine, il y a un postulat qui veut que la conscience de l'esprit ne soit dépendante ni de l'intellect ni de l'instinct. Elle est une émotion. C'est le message de la porte 55, c'est pour ça qu'elle s'appelle porte de l'esprit et porte de l'abondance. **Et ça dit quoi ? En gros que ta vie n'est qu'une alternance de drames colossaux et de joies prodigieuses.**

Le monde est un théâtre, et tu en incarnes tous les personnages, de Jean-Michel Mélancolique à Jacqueline Drama Queen en passant par Jean Pierre MDR ; tes sautes d'humeur échappent même à ton contrôle.

Pourquoi ? Parce que les émotions provoquées sous la pression de la racine ne s'évacuent pas par la gorge et restent donc à l'intérieur de toi, provoquant un tsunami interne. Et ce tsunami est ton indic le plus sûr au sujet des gens qui t'entourent, puisque c'est ton humeur qui te le dit.

Le circuit du savoir parle de s'autonomiser en étant authentique et de devenir un exemple. Tu dois accepter l'émotion, la laisser grandir et exploser pour retrouver sa neutralité naturelle. C'est comme ça que tu actives le vrai pouvoir de ce canal : provoquer des grandes libérations émotionnelles.

42/53 : le canal des cycles

CANAL GÉNÉRATEUR – TYPE COLLECTIF – CIRCUIT SENSORIEL

C'est l'histoire de la viiiie...

La porte 53 dans la racine parle d'un nouveau début, elle démarre un cycle là où la porte 42 dans le sacral en achève un. Mais c'est la porte de la croissance, pas de la fin. Car tout cycle qui s'achève apporte avec lui un élément de maturation qui nourrit le suivant.

Chaque cycle doit être complété et intégré en sagesse avant de générer le cycle suivant.

C'est un canal structurel, il ne te donne pas le choix, ta vie est faite de cycles.

Si tu choisis un projet tout bidon qui en touche une sans faire bouger le sacral, tu l'as dans l'os pendant toute la durée de ton cycle.

On croise fort les doigts pour qu'il ne soit pas trop long, dans ces cas-là. Et on plaisante pas, l'énergie du sacral va littéralement te séquestrer jusqu'à la fin du cycle.

Même pas la peine de songer à virevolter, étant donné que c'est le précédent qui porte en lui le sens du suivant, car tout cela répond à un dessein supérieur.

Cette énergie lunaire fait de toi une personne capable d'aider les autres à aller vers une mutation positive et négocier des tournants délicats.

Attention encore une fois à ne pas se perdre. La seule intuition de ton sacral tout-puissant est ton guide, et si tu l'écoutes et t'engages correctement, tes cycles seront alors couronnés d'abondance et de youpi tralala.

47/64 : le canal de la pensée abstraite

CANAL PROJECTEUR – TYPE COLLECTIF – CIRCUIT SENSORIEL

Eurêka !

Le canal de l'abstraction relie la couronne à l'intellect. Déjà, on sait qu'on est dans le monde des idées. En haut, la porte 64 des multiples possibilités aussi appelée porte de la confusion… forcément, pousse à disséquer et démanteler toute inspiration pour en tirer l'essence. En face, la porte 47 de la prise de conscience permet de trouver dans des moments de pure béatitude le moment EURÊKA !

On en conclura donc avec aisance que ce canal te pousse à trouver un sens à l'afflux des idées. Ce qui n'est pas si simple…

En effet, la pression de la couronne ne te laisse pas en paix : toute expérience, toute idée, toute image va être passée au crible. « Tu ne peux pas juste te contenter de vivre ? », te diront les autres (imbéciles heureux !). Non, ton passé doit trouver un sens pour permettre au présent de construire le futur, voilà tout.

C'est NOR-MAL. Ce n'est pas sale. C'est la manière qu'a trouvée ton intellect d'avoir des éclairs de génie.

Ce canal, aussi nommé le « canal du cordonnier » (par qui ? par moi-même, tout à fait), ne te permet pas de résoudre TES propres problèmes avec autant de facilité que de trouver le sens de la vie.

Ton truc à toi, c'est de jongler avec des concepts intangibles : le temps, l'espace, la physique quantique et le QI des *Anges de la téléréalité*.

Tes plus grandes réalisations vont arriver dès que ton corps et ton esprit seront au repos, avant d'aller te coucher, par exemple. Lorsque la lumière se fait dans ton cerveau et que soudain, ce sur quoi tu réfléchissais depuis des semaines trouve une réponse évidente.

Les portes de la vérité

Ouh, que ce mot est prometteur !

Les portes partent de tes prédispositions.

Les portes sont les entrées par lesquelles les canaux relient les centres entre eux. Il y en a donc soixante-quatre, comme les hexagrammes du Yi King et les soixante-quatre codes génétiques de l'ADN.

Et comme leur nom l'indique, ce sont des portes vers tes capacités, que tu le saches ou non, que tu le vives dans la matière ou pas encore, elles sont là, ouvertes, et indiquent que tu portes en toi le potentiel qu'elles révèlent. Et tu vas voir que ça peut vraiment être surprenant !

Un potentiel, une ressource, une énergie, une intelligence…

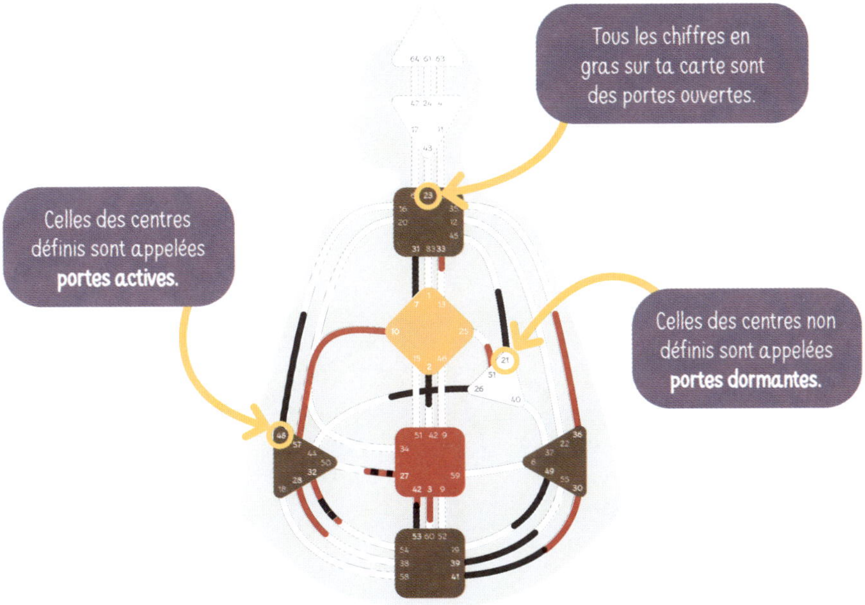

Il y a une porte à chaque bout du canal. Si deux portes actives se font face, elles activent un canal.

Une porte activée colore la moitié d'un canal, l'autre moitié étant colorée par sa meilleure po(r)te. La porte harmonique qui se trouve à l'autre bout du canal.

MAIS ce canal n'est pas forcément actif, car il doit être entièrement coloré pour l'être.

Or, s'il ne l'est qu'à moitié, je te rappelle que ça signifie qu'il porte la capacité de s'activer en entrant en contact avec une personne. Il arrive donc qu'une porte soit ouverte sur un canal non actif.

Et comme tout n'est que vibrance, les rencontres que nous faisons ne font que créer des circulations d'énergies entre les canaux qui s'activent et se désactivent, tels des pôles électriques qui s'allument.

Imagine un peu : deux personnes ayant le même canal à moitié coloré se rencontrent. L'une ayant une porte ouverte, l'autre celle d'en face.

Les 64 portes du Design Humain

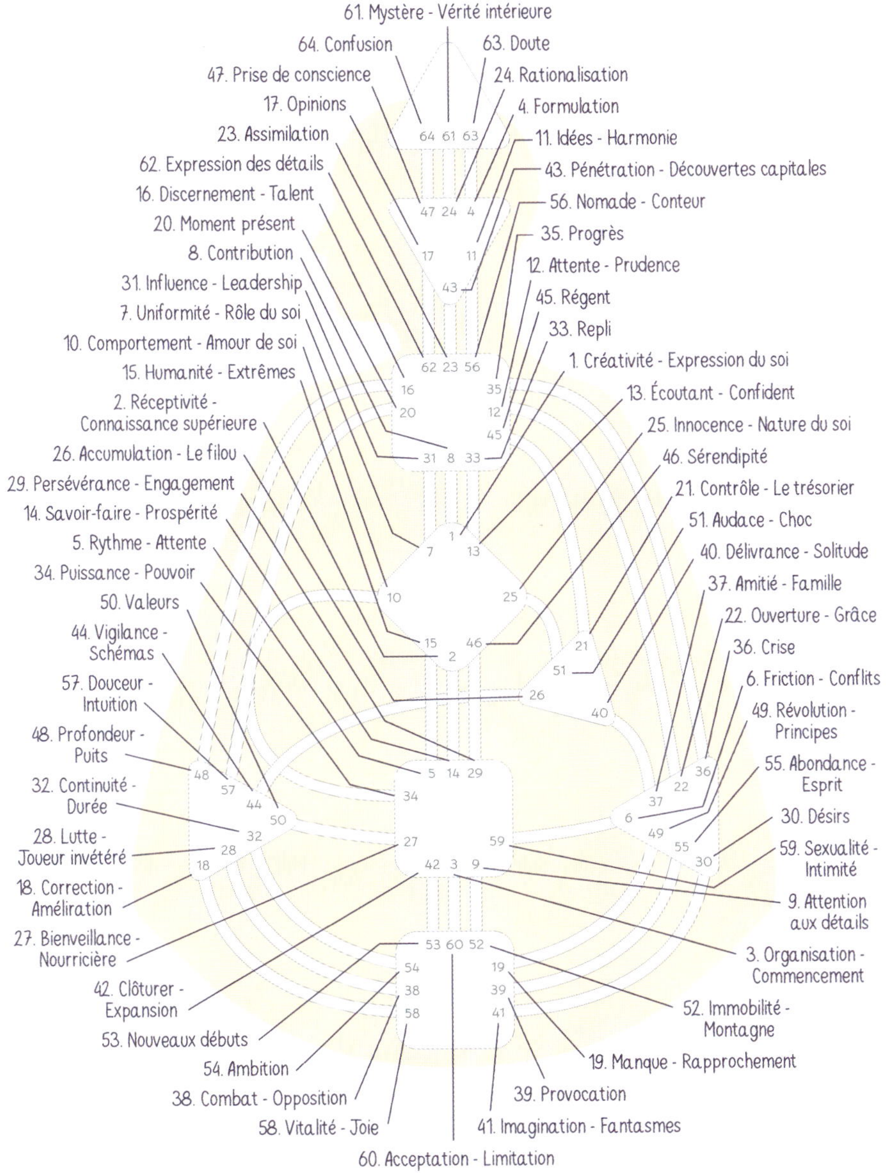

Les portes, à mes yeux, c'est le travail le plus intéressant du HD. D'abord parce qu'elles sont à l'origine de tout : c'est la position des planètes sur des portes particulières au moment de la naissance qui ont défini tout notre schéma unique. Mais aussi parce qu'elles représentent une véritable exploration.

Cette exploration a été menée d'abord par Richard Rudd, un ancien élève de Ra Uru Hu qui a ensuite développé son propre travail de recherche sur ce qu'il appelle les « ***gene keys*** » : les clés génétiques.

Pour lui, les portes sont des clés !

Ces clés demandent à être explorées pour ensuite aller se déployer via notre subconscient, exploser telles des petites perles pour pouvoir s'exprimer sur des niveaux de conscience plus élevés.

Les portes du HD s'expriment sur trois niveaux de conscience :

1. **L'ombre : le niveau de conscience primaire, issu de la peur et du manque.**
2. **Le talent : libéré en permettant l'existence de l'ombre, le talent est le niveau moyen, le moment où on commence à utiliser sa compétence.**
3. **Le *siddhi* : le superpouvoir en sanskrit, le niveau ultime où l'on commence à incarner le pouvoir de cette porte.**

Cette idée résonne fort avec moi parce qu'entre 2016 et 2019, j'avais développé une méthodologie fondée sur trois étapes pour envisager la transformation personnelle.

1. **Obligation : on change parce qu'on n'a pas le choix.**
2. **Ambition : le changement porte ses fruits, ça commence à devenir intéressant.**
3. **Plaisir : le changement est intégré et devient naturel, on incarne.**

Pour moi, c'est la même chose qui se joue ici. Et quand j'ai effectué mes recherches autour des travaux de Richard Rudd, j'ai retrouvé des archétypes, associés à chaque porte. Le travail sur les archétypes étant un élément clé des travaux de Jung, tu penses bien que j'ai foncé sur le sujet.

Chaque porte peut donc être considérée comme un archétype particulier.

Les 64 archétypes *gene keys*

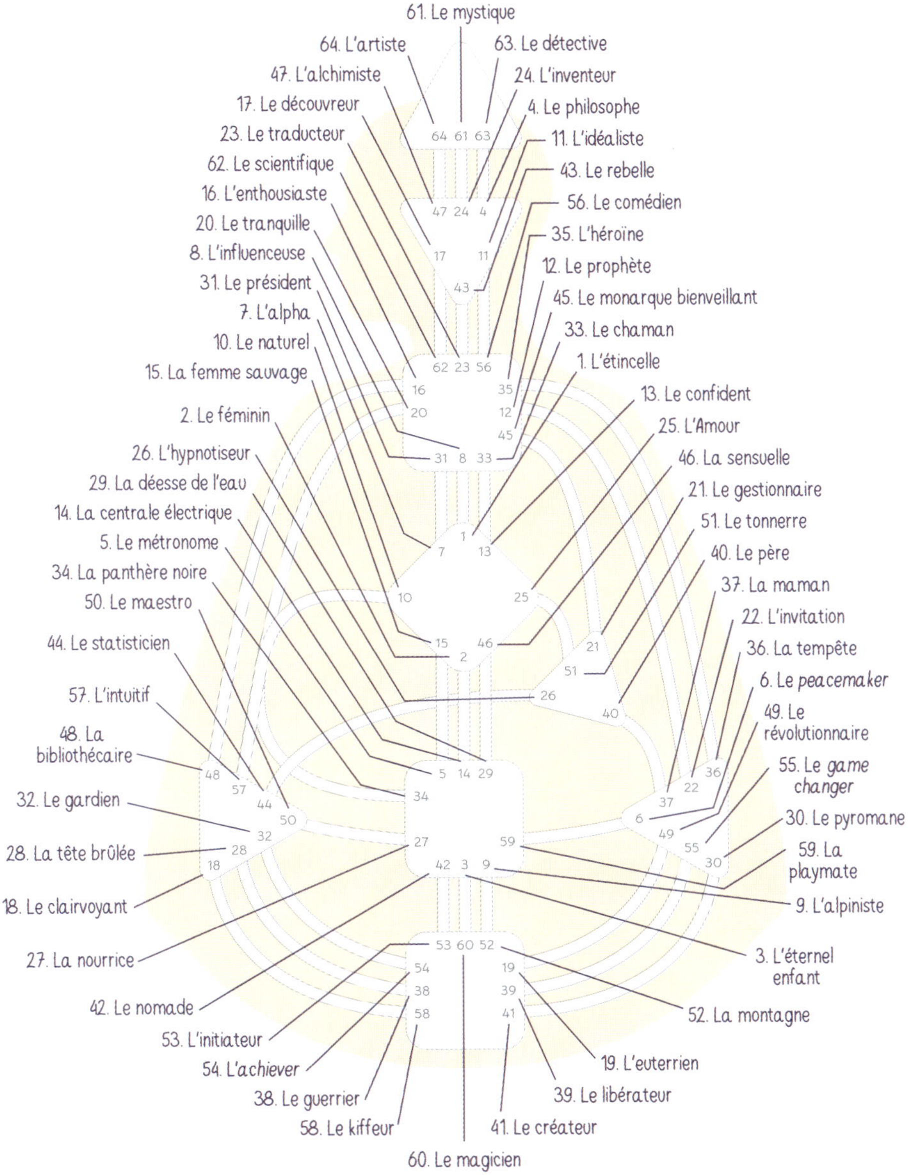

Lorsque je fais des études complètes, j'ai notamment un fichier qui s'appelle « Tes meilleures po(r)tes », qui te donne tous les archétypes qui accompagnent la scène de vie dont tu es le héros.

Les détails d'une étude HD

Comme je te disais au début du livre, j'ai découpé l'étude en trois étapes :

1. **Ton fonctionnement**
2. **Ton potentiel**
3. **Ton chemin de vie**

C'est l'ordre dans lequel, à mes yeux, il convient d'expérimenter.

1. Ton fonctionnement

Tu trouveras dans ce passage :

- ton type (ta stratégie, l'expression du non-soi, ta quête, ton aura, ton énergie) ;
- ton autorité de prise de décision et le centre associé ;
- les détails de tous tes centres et leur définition ;
- une étude détaillée de toutes les sources de non-soi qui se situent dans ta définition et certaines activations ;
- ton fonctionnement neuro, éclairé par les variables de ton Design. Les variables représentent une partie avancée de l'étude et concernent l'expression des quatre portes activées par le Soleil et la Terre. Elles te donnent des informations très précieuses sur la manière dont tu réfléchis et vois le monde.

2. Ton potentiel

- Tes canaux : ton flux de vie.
- Ensuite, on détaille ton flux de vie pour étudier le chemin que prennent ces canaux, en regardant porte par porte ce qui se joue et par quelle

planète a été activée cette porte, afin de définir dans quel secteur elle va s'exprimer.
- Potentiel du soi : une étude complète des attractions harmoniques naturelles de ton Design et comment tu vas pouvoir déployer ton potentiel. C'est un peu la réponse à l'étude du non-soi.

3. Ton chemin de vie

- Ta croix d'incarnation qui représente le script, le scénario de ton incarnation.
- Ton profil qui représente ton costume, le personnage (archétype) qui va traverser cette vie. Ton profil est indiqué par les lignes sur lesquelles ont été activées les portes de ton Design Soleil / Terre, elles sont au nombre de six et je les détaille un peu plus loin.
- Tes activations en détail : ici, je m'aide d'un tableau que j'ai créé et qui te permet de regarder chaque activation, la porte, la planète qui l'active et la ligne sur laquelle elle a été activée. Ces informations entrent en détail sur le but de ta vie et décryptent beaucoup de schémas répétitifs.
- J'ai également créé des séquences d'activation qui vont permettre de décrypter les secrets de ton *branding*, de ta communication, de tes relations, de tes défis de vie, des grandes étapes de ta vie (30 ans, 40 ans, 50 ans, 60 ans) et pleins d'autres choses encore.

Bonus : les lignes, le profil, le Yi King et l'hexagramme (à tes souhaits)

Tu sais donc que parmi les différentes sciences utilisées pour canaliser le HD, le Yi King est une science millénaire chinoise fondée sur les hexagrammes.

Ils sont au nombre de soixante-quatre, comme les portes.

Les soixante-quatre hexagrammes comptent chacun six lignes, et ces lignes nous donnent un niveau plus profond de différenciation.

C'est dans ces détails-là qu'on peut explorer de telles différences dans la vie entre deux personnes ayant le même type, la même autorité et pleins d'autres trucs en commun.

Il y a donc six lignes divisées en deux parties :

- Le trigramme inférieur (lignes 1, 2 et 3) ;
- Le trigramme supérieur (lignes 4, 5 et 6).

Ra Uru Hu utilise la métaphore de la maison :

Trigramme inférieur	Trigramme supérieur
Ligne 1 : l'investigateur	Ligne 4 : l'opportuniste
Ligne 2 : l'ermite	Ligne 5 : l'hérétique
Ligne 3 : le martyr	Ligne 6 : le rôle modèle

En gros, les trois premiers sont plutôt tournés vers l'intérieur et les trois du dessus sont leurs homologues à l'extérieur. C'est pourquoi il y a des résonances entre eux et quelques profils harmoniques (5/2 par exemple).

Ils sont décrits comme des personnes qui vivent dans la maison.

1. **L'investigateur** : il vit au sous-sol parce que sa préoccupation, c'est que les fondations soient solides. Alors il investigue. Il cherche, il est seul dans l'ombre et reste concentré sur ses recherches. Il est dans l'insécurité. Il a besoin de savoir.
2. **L'ermite** : il vit au rez-de-chaussée et aime bien faire sa vie sans trop qu'on l'embête. Il est un peu solitaire et s'occupe de sa maison. Sauf que les gens dans la rue le voient et ils ne veulent que le regarder. Ils trouvent qu'il fait un travail remarquable car il a du talent, mais lui ne le sait pas, il cultive son jardin OKLM.
3. **Le martyr** : il vit au premier étage et son but de vie semble être de tout péter dans la maison. Il teste ce qui fonctionne et ce qui ne fonctionne pas. Il se prend des murs pour tester des tas de choses, il en parle un peu quand il a compris pourquoi quelque chose déconne.

4. **L'opportuniste** : l'homologue de l'investigateur va plutôt solidifier les branches qui unissent les hommes. Il vit dans le monde, lui. Il ne s'intéresse qu'à créer des connexions, mettre en commun les bonnes personnes et les bonnes opportunités, il est observateur et en alerte. Il crée des réseaux.
5. **L'hérétique** : l'homologue de l'ermite ne pense qu'à passer son message. Il a une passion pour résoudre des problèmes de la vie et trouver des solutions innovantes. Il les partage, et parfois les gens projettent sur lui, comme ils le font sur l'ermite, qu'il peut vraiment les aider, voire les sauver. Évidemment, s'ils réalisent que ce n'est qu'une personne, ils pourraient le mettre au bûcher. Ces deux lignes sont soumises à un fort potentiel de projection des autres.
6. **Le rôle modèle** : il a passé une partie de sa vie à vivre comme son homologue d'en bas, le martyr, il a testé des trucs et s'est cassé la poire en deux trop de fois, il a préféré se cacher un peu, le temps que ça se calme, et ce n'est qu'autour de 50 ans qu'il a enfin l'impression d'avoir tout vu, tout vécu, qu'il est plein de sagesse et ressort dans le monde tout confiant, alors que les gens le regardent telle une star pour essayer de le copier.

Tu peux donc maintenant mieux comprendre ton profil.

Pour moi, le profil, c'est comme un gros résumé de ton Design. Le costume que tu peux enfiler dès que tu te connais assez, pour en rire et apprécier le voyage de ta vie.

J'espère que ce voyage t'a plu, cher·ère lecteur·rice !

Je suis très impatiente de te retrouver pour une étude encore plus poussée des portes du Design qui vont ouvrir les champs de ta conscience et de ta connaissance de toi.

Conclusion

Je voulais te raconter la naissance de cet ouvrage, qui est un parfait exemple d'expérimentation.

Ce livre est le pur produit de mon sacral.

Depuis quelques années que je décrypte le Design, j'avoue avoir du mal avec ce qui est pourtant un fondamental : mon autorité sacrale.

Je n'ai pas eu l'occasion de te présenter ma carte, mais pour te la résumer : tous mes centres sont définis, sauf le plexus solaire, les émotions.

Inutile de te dire la portée de cette découverte dans ma petite vie d'hystérique.

J'ai aussi la gorge connectée à un moteur, ce qui fait de moi un générateur-manifesteur. Mon centre splénique actif (et connecté à ma gorge) a aussi une grosse tendance à se prendre pour mon autorité, se disputant le rôle avec mon mental hyperactif (couronne et *ajna* définis) et le cœur / ego connecté lui aussi à la gorge.

En gros, si mon sacral tombe en panne, j'ai largement de quoi faire en termes d'autorité.

Est-ce une bonne chose ?

Que nenni, c'est même l'inverse.

Je peux prendre des décisions par peur, pour assurer ma survie.

Je peux prendre des décisions parce que je le VEUX et parce que je le PEUX.

Je peux prendre des décisions parce qu'on m'a dit que ce serait bien.

Aucune de ces décisions ne serait juste pour moi.

Je dois m'en référer uniquement et exclusivement à Sacralito tout-puissant, ET EN PLUS, je suis supposée considérer que c'est une chance d'avoir un sacral, parce que tu comprends, ça rend magique.

Alors bon, pour le sacral j'ai à peu près tout essayé :

- Les sons. Grosse expérience de s'écouter faire des « hmm » et des « hum » et des « ho ho ho » tout en essayant de comprendre si je me suis raclé la gorge ou si ce qu'on me propose me casse les roustons.
- En écoutant mon corps, j'ai notamment émis l'hypothèse que tout ce qui m'endort n'est pas assez motivant pour mon sacral. C'est vachement pratique puisque je suis à la fois insomniaque et narcoleptique. Je m'endors partout sauf dans mon lit. Je peux m'endormir en parlant à quelqu'un. J'ai dû me rendre à l'évidence : soit cette théorie ne tient pas, soit mon sacral se désintéresse de tout ce qui se passe entre 16 heures et 18 heures.
- Alors j'ai essayé de sentir les vibrations, comme quand on remue la queue, une chaleur qui se situe à la convergence de la colonne et du coccyx ou du nombril et du périnée. Pour les petites décisions, c'est formidable, ça marche du tonnerre. Pour les décisions importantes, je n'ai acquis aucune certitude.

Pendant ce temps, je n'arrêtais pas d'entendre des petites voix.

Comme si une part de moi répétait sans arrêt la même chose.

Un phénomène que j'ai vite fait de mettre sur le dos de mon mental hyperactif.

Je prenais une décision et une voix me répétait : « C'est pas comme ça que tu dois faire » ou : « Fais ça, fais-le, FAIS-LE JE TE DIS. »

Comment savoir si ce n'est pas ma rate (et notamment ma porte 57, qui est acoustique en plus) ?

Et puis bon, entre-temps, je vis ma vie quand même, et puis me vient une idée.

Je réalise que depuis le temps que je parle du Design Humain sur les réseaux, que j'en parle à mes client·e·s, à mes élèves, que je fais mes recherches, je n'avais jamais proposé d'introduction au Design Humain, alors que j'envoyais des pages et des pages à mes clients en coaching ou dans mes petits produits, et je n'avais jamais pensé à proposer un livret tout simple pour présenter mon approche.

L'alerte « manifesteur » se met en route aussitôt, alors je ne fais rien et je laisse venir à moi les opportunités. Le jour même, je croise une vidéo qui parle de créer un *e-book* en produit d'appel. Je ne suis même plus étonnée par ce genre de synchronicités.

J'en parle à ma communauté qui valide l'idée, alors je démarre.

Et comme mon gros cerveau est très puissant, mais pas d'une efficacité à toute épreuve, l'entreprise devient rapidement une petite usine à gaz.

Je veux le faire interactif, puis c'est trop compliqué, alors je veux le présenter sous forme de fiches pour que les gens puissent le personnaliser eux-mêmes. Je me casse la tête pendant des heures, et tout ce temps je me disais : « Mais meuf t'es sérieuse là ? T'as pas du travail ? Des trucs à faire ? Tu veux pas lâcher ton idée à la con et faire quelque chose de productif ? »

Encore une heure.

Encore deux heures.

J'étais enchaînée à ce projet, en train de compiler des dizaines de fiches, des centaines de pages, de tout organiser, de tout mettre au clair.

Au final, la V1 de mon « petit » livret de découverte faisait deux cents pages.

C'est comme ça que j'ai trouvé ma formidable éditrice.

C'est elle qui m'a trouvée.

Au détour d'une *story* Instagram, pour tout te dire.

Deux cents pages plus tard, je n'avais certainement pas fait tout ça pour rien.

J'avais répondu à l'appel de mon sacral.

Tu interprètes ça comme tu veux, mais moi je décide que c'est magique.

Merci de m'avoir lue, j'espère te retrouver dans mes prochaines aventures en FULL HD, où l'on parlera des portes, des activations planétaires, des lignes, des profils... on a encore plein de belles choses à voir ensemble.

Je te souhaite une exploration magnifique.

On se retrouve sur gareaugourou.fr et sur tondesignhumain.online pour en apprendre plus sur ton Design et commencer à vivre ta meilleure vie !

Table des matières

Achevé d'imprimer en avril 2023 par la SEPEC en France
Numéro d'impression : 27315230310
Dépôt légal : avril 2023

IMPRIM'VERT®